CW01572843

REPORT OF THE AFRICAN COMMISSION'S WORKING GROUP ON INDIGENOUS POPULATIONS/COMMUNITIES

RESEARCH AND INFORMATION VISIT TO LIBYA

11-25 August 2005

The African Commission on Human and Peoples' Rights adopted this report
at its 40th Ordinary Session, 15-29 November 2006

African Commission on
Human and Peoples' Rights
(ACHPR)

IWGIA

International
Work Group
for Indigenous Affairs

2009

REPORT OF THE AFRICAN COMMISSION'S WORKING GROUP ON INDIGENOUS POPULATIONS/COMMUNITIES

RESEARCH AND INFORMATION VISIT TO LIBYA
11-25 August 2005

© **Copyright:** ACHPR and IWGIA - 2009

Typesetting and Layout: Jorge Monrás

Prepress and Print: Eks-Skolens Trykkeri, Copenhagen, Denmark

ISBN: 978-87-91563-67-6

Distribution in North America:
Transaction Publishers
390 Campus Drive / Somerset, New Jersey 08873
www.transactionpub.com

AFRICAN COMMISSION ON HUMAN AND PEOPLES' RIGHTS (ACHPR)
No 31 Bijilo Annex Layout - Kombo North District, Western Region - P.O.Box 673, Banjul, The Gambia
Tel: +220 441 05 05 / 441 05 06 - Fax: +220 441 05 04
achpr@achpr.org - www.achpr.org

INTERNATIONAL WORK GROUP FOR INDIGENOUS AFFAIRS
Classensgade 11 E, DK-2100 Copenhagen, Denmark
Tel: +45 35 27 05 00 - Fax: +45 35 27 05 07
iwgia@iwgia.org - www.iwgia.org

This report has been produced with financial support from
the Danish Ministry of Foreign Affairs

TABLE OF CONTENTS

ACKNOWLEDGEMENT

The following information could not have been gathered without the support of the Libyan authorities. We would particularly like to thank Colonel Kadhafi, who was kind enough to welcome the mission, Mr. Moussa Elkouni, ex-Libyan consul in Kidal in the north of Mali, Mr. Bawa Abeid Azzintani, Governor of Oubari region, Mr. Hussein Elkouni, Governor of Ghât region, the Tuareg tribal leaders and all those who assisted us in one way or another.

PREFACE

The African Commission on Human and Peoples' Rights (ACHPR or African Commission), which is the human rights body of the African Union, has been debating the human rights situation of indigenous peoples since 1999. Indigenous peoples are some of the most vulnerable and marginalized groups on the African continent, and their representatives have, since the 29th Ordinary Session of the African Commission in 2001, participated in the ACHPR's sessions. The indigenous representatives have given strong testimonies about their situation and the human rights violations they suffer. Their message is a strong request for recognition and respect, as well as a call for improved protection of their civil, political, economic, social and cultural rights. It is also a request for the right to live as peoples and to have a say in their own future, based on their own culture, identity, hopes and visions. Indigenous peoples, moreover, wish to exercise these rights within the institutional framework of the nation-state to which they belong. The African Commission has responded to this call. The African Commission recognizes that protecting and promoting the human rights of the most disadvantaged, marginalized and excluded groups on the continent is a major concern, and that the African Charter on Human and Peoples' Rights must form the framework for this.

In order to achieve a better basis on which to advance discussions and formulate recommendations, the African Commission set up a Working Group on Indigenous Populations/Communities (Working Group) in 2001. The Working Group implemented its initial mandate by producing the comprehensive document "Report of the African Commission's Working Group of Experts on Indigenous Populations/Communities" on the human rights situation of indigenous peoples and communities in Africa (the full report can be downloaded from http://www.achpr.org). The report was adopted by the African Commission in November 2003, and published in book format in 2005. The report is the African Commission's official conceptualisation of indigenous peoples' human rights in Africa.

In 2003, the Working Group was given the mandate to:

- Raise funds for the Working Group's activities, with the support and cooperation of interested donors, institutions and NGOs;
- Gather information from all relevant sources (including governments, civil society and indigenous communities) on violations of the human rights and fundamental freedoms of indigenous populations/communities;
- Undertake country visits to study the human rights situation of indigenous populations/communities;
- Formulate recommendations and proposals on appropriate measures and activities to prevent and remedy violations of the human rights and fundamental freedoms of indigenous populations/communities;
- Submit an activity report at every ordinary session of the African Commission;
- Co-operate when relevant and feasible with other international and regional human rights mechanisms, institutions and organizations.

On the basis of this mandate, the Working Group has developed a comprehensive activity programme. This programme includes undertaking country visits, organising sensitisation seminars, cooperating with relevant stakeholders and publishing reports, all with a view to protecting and promoting indigenous peoples' rights in Africa.

This report is part of a series of country-specific reports produced by the Working Group and adopted by the African Commission on Human and Peoples' Rights. These country-specific reports emanate from the various country visits undertaken by the Working Group, all of which have sought to engage with important stakeholders such as governments, national human rights institutions, NGOs, intergovernmental agencies and representatives from indigenous communities, both women and men. The visits have sought to involve all relevant actors in dialogue on indigenous peoples' human rights, and to provide information on the African Commission's position. The reports not only document the Working Group's visits but are also intended to facilitate constructive dialogue between the African Commission, the various African Union member states, as well as other interested parties.

To date, the Working Group has undertaken visits to Botswana, Burkina Faso, Burundi, Central African Republic, Democratic Republic of Congo, Gabon, Namibia, Niger, Libya, Republic of Congo, Rwanda and Uganda. These visits have been undertaken during the years 2005-2009, and the intention is that the reports will be published once adopted by the African Commission. Hopefully, the reports will contribute to raising awareness of indigenous peoples' situation in Africa, and prove useful for establishing dialogue and identifying appropriate ways forward for improving this. Unfortunately, the report of the visit to Libya has, for logistical reasons, only been published in 2009, four years after the visit took place.

It is hoped that, via our common efforts, the critical human rights situation of indigenous peoples will become widely recognized, and that all stakeholders will work to promote and protect indigenous peoples' human rights in their respective areas.

Commissioner Musa Ngary Bitaye
Chairperson of the African Commission's Working Group
on Indigenous Populations / Communities

EXECUTIVE SUMMARY

The African Commission's Working Group on Indigenous Populations / Communities conducted a research and information visit to Libya from 11 to 25 August 2005. The Libya research and information visit was undertaken by Mr. Khattali Med Ag M. Ahmed, who is a member of the Working Group.

The information resulting from the visit was obtained from discussions and interviews with Libyan officials, indigenous representatives and indigenous delegates from Mali and Niger who were making an official visit to Libya at the time of the Mission's visit.

It has to be noted that the information obtained from the Mission's visit is not as comprehensive as could have been wished for. The local expert, whom the Mission was supposed to conduct the visit in cooperation with, unfortunately had to travel abroad at the time of the Mission's visit. The Working Group decided to continue the visit without the local expert's assistance but lost a whole week in Tripoli and it was therefore not possible to visit as many indigenous communities as planned. Despite this setback, the Mission managed to complete the visit by restricting it to Tuareg communities in Ubari prefecture[1]. Although it would have been preferable to visit other indigenous Amazigh communities, the information on the situation facing the Tuareg is likely to apply to other Amazigh groups given that they live under the same system, which disregards their specific nature and within which they experience discrimination.

The aim of the visit was to

- Inform the Libyan government, regional and local authorities, national human rights organisations, media, civil society organisa-

---

1   Ubari is situated approximately 1,000 km south of Tripoli at the other end of Oued Targa and some 30 km from Garama, ancient capital of the Garamantes. Covering an area of 466,000 km², this prefecture has 75,645 inhabitants, the majority of them Tuareg. It is made up of 11 self-managed municipalities, namely: Ubari town, Algaerat, Laghrepha, Germa, Brek, Gragra, Lafjij, Lagraya, Raguiba, Beit Baya and Labiad.

tions and associations, development agencies and other interested players about the report and the efforts of the African Commission on Human and Peoples' Rights with regard to indigenous peoples;
- Collect all information relating to the human rights situation of indigenous peoples in Libya with a view to providing an in-depth report to the African Commission on Human and Peoples' Rights;
- Distribute the African Commission's report on indigenous peoples to key individuals and institutions.

Libya covers an area of 1,759,540 km^2, and has a population of 5.8 million, most of whom are Arab. There is also a large Amazigh minority representing around 10% of Libya's total population. The Tuareg form part of the Amazigh peoples who live in the Sahara between Mali, Niger, Burkina Faso, Algeria, and Libya. In Libya, the Tuareg are estimated at about 60,000 inhabitants.

Since 1977, Libya's doctrine has been "The Green Book", written by Colonel Kadhafi and which is the ideological framework for the system of "direct democracy". Although there is an implicit recognition, albeit limited, of the Amazigh population, they are not constitutionally recognised as a people. All Libyans being equals, it implies no discrimination, either positive or negative. Until recently, the official rhetoric clearly indicated that only one people exists in Libya, the Arab people, who are considered an integral part of the Arab Nation. Demands for recognition of the Amazigh as distinct peoples have been likened to treason and conspiracy with the colonisers.

The Amazigh issue, and thereby also the Tuareg, has been on the political agenda since the middle of the last century. Although demands by the Amazigh have not been noted until recently, the Amazigh population has been excluded and marginalized since independence. The process of assimilation that has taken place since Libya's independence, aimed at making the indigenous groups an integral part of the nation, gradually led the Amazigh population to abandon their traditional nomadic way of life and settle in permanent settlements. Although the settled life does provide an easier life for the indigenous population, voices of discontent and a wish to recover their culture and identity are heard.

The Amazigh population generally enjoys the same level of socio-economic rights and the right to development as other citizens of the country and a number of development projects in Amazigh areas have been implemented. In contrast to socio-economic rights, the cultural and political rights of the indigenous population are limited, largely due to the lack of explicit recognition of the country's indigenous peoples, the lack of associations defending their rights, the lack of awareness-raising among those principally concerned, and the lack of freedom of expression outside of the official political structures. The Mission did not come across any human rights organisations, apart from one chaired by Colonel Kadhafi's son, Seif Alislam.

Some signs seem to raise hopes for the recognition of indigenous populations in the wake of the changes that seem to be slowly taking place in Libya. Colonel Kadhafi has taken the initiative to revive regional cooperation between the Tuareg of the Maghreb countries and those of Sub-Saharan Africa. Signs of the recognition of a distinct indigenous population also exist in political discourse and legal texts. One example is a language decree which provides for the teaching of African languages, including indigenous languages, in the education system. The extent to which it is being carried out in practice is, however, questionable because the Libyan authorities, as well as the indigenous elites, are delaying the implementation of these rights. Hence, administrative inertia and a lack of awareness raising prevent the Tuareg community from fully benefiting from the regime's overtures, however small, and the confidence placed in them by the Libyan authorities.

In light of this report's findings, the African Commission's Working Group on Indigenous Populations/Communities makes the following recommendations:

1. Encourage Libya to ratify ILO Convention 169 on the Rights of Indigenous Peoples;
2. Urge Libya to grant cultural and political rights to all its citizens, including indigenous populations;
3. The Libyan State should raise awareness among its Amazigh population, including the Tuareg, of their right to preserve their identity and their culture by opening up the mass media to them and by helping them to form associations;
4. Encourage Libya to show more interest in Amazigh culture and language, and to allow this culture and language to flourish. Libya

should thus seek to promote and preserve the Amazigh cultural heritage, language and history in Libya;

5. Urge Libya to recognise Tamazight as one of the national and official languages and create an institution responsible for promoting this language[2];

6. Call upon the country to include references to the Amazigh history and culture in school curricula;

7. Encourage Libya to ensure that the Amazigh regions overcome their economic backwardness in relation to the rest of the country;

8. A meeting of the Working Group should be held in the Amazigh region of Libya (Ghât or Ifren) in order to dispel the fear that the Amazigh feel, despite the clear and positive changes in the country;

9. Urge Libya to conduct a widespread dissemination of the report of the African Commission's Working Group on Indigenous Populations / Communities and the African Charter on Human and Peoples' Rights;

10. Encourage Libya to report back to the next session of the African Commission on the decisions it has taken to implement these recommendations.

This report is subdivided into five sections, preceded by an executive summary and followed by a conclusion and recommendations. The first section gives a general overview of Libya. The second section presents the various meetings held in Libya by the Mission. The third section gives information about the indigenous populations in Libya, and the fourth section deals with some key thematic issues, constitutional and legislative recognition, socio-economic rights, the right to work, the right to health, the right to establish associations and unions, the right to housing, the right to education, cultural and linguistic issues, government programmes aimed at improving the situation of the indigenous population and gender issues. The final section describes an emerging regional cooperation between the Tuareg.

---

2   As in Morocco with the *Institut de l'Amazighité*.

I. GENERAL OVERVIEW OF LIBYA

Libya is situated in North Africa. Bordering the Mediterranean Sea to the north, Libya lies between Egypt to the east, Sudan to the southeast, Chad and Niger to the south and Tunisia and Algeria to the west. It has a total surface area of 1,759,540 km², and a population of 5.8 million, most of whom are Arab. There is also a large Amazigh minority, which includes the Tuareg.

Since the 8ᵗʰ century BC, many civilisations have left their mark on the country. The indigenous Imazighen[3] intermingled with these civilisations, to a limited extent with the Greeks, Romans and Byzantines but more significantly with the Arabs, who conquered the land in the 7ᵗʰ century.

In 1911, Libya was colonised by Italy and gained its independence in 1951 after a relentless struggle by the Libyans under the leadership of the celebrated martyr, Omar El-Mokhtar. King Idriss 1, who led the country following independence, was overthrown in 1969 by a group of "free officers" under the leadership of Colonel Kadhafi, then a lieutenant. In 1977 Colonel Kadhafi proclaimed the establishment of "people's power", which was to be governed by the "power of the masses", and changed the country's name to the Great Socialist People's Libyan Arab Jamahiriya[4].

1.1   The system of "direct democracy"

Libya is governed by Sharia law. The doctrine for Libya's political/administrative system is described in "The Green Book"[5], which is the ideological framework for the system of "direct democracy". The Green Book was written by Colonel Kadhafi, outlining his views on democracy and his political philosophy. The book consists of three parts:

---

3   Plural of Amazigh
4   The term Jamahiriya was created by Colonel Kadhafi and means a republic ruled by the masses.
5   For more information please see: http://www.mathaba.net/gci/theory/gb.htm

The problem of democracy: In this chapter, the author endeavours to demonstrate that Western democracy is in fact none other than a dictatorship in disguise. The party or candidate who wins 51% of the votes does not represent all the people and yet he behaves like an autocrat. Parliamentary representation is nothing more than a subterfuge and parties have to be banned because they represent the interests of the dominant classes. His proposed solution to the issue of power is the exercise of direct democracy through people's congresses and committees whereby power is exercised by the people, without any intermediaries.

The problem of socialism: The means of production, wealth and arms, according to the author, must be in the hands of the people; if not, the party that holds them will subjugate those who do not.

The social foundations: The family, the tribe and the nation are the basic foundations of society.

1.2 The political structure

At the level of each village or neighbourhood, all citizens are enrolled in a Local People's Congress in each of the 1,500 urban wards. The Local People's Congresses elect their own leadership and secretaries. At the level of each of the 32 Sha'biyat (municipality), the different Local People's Congresses send representatives in proportion to their number to form the municipal-level people's congress (Sha'biyat People's Congresses), which, in turn, elects a people's committee as executive body.

A general congress is established at the national level (the National General People's Congress), which acts as a parliament. It comprises representatives from the Local People's Congresses, the Sha'biyat People's Congresses and unions. It elects specialist committees from among its members, each of which has a secretary who acts as minister, plus a general people's committee, which operates like a government. This is also led by a secretary who acts as prime minister.

There is also another structure known as the "*Direction des commandements populaires*"[6], which brings together the tribes and traditional au-

6   Which is the same, in relative terms, as an Ombudsman.

thorities in structures parallel to those of the people's congresses. In addition to this, there is a member of the people's congresses at all levels.

In relation to decision-making, the Local People's Congresses take decisions on matters that fall within their competence and then entrust their implementation to the people's committees. They can also make proposals for issues dealt with by the General People's Congress. Laws are passed by the National General People's Congress. Regulations are made by the General People's Committee, which acts as a government. The secretaries of the national-level technical committees – in other words the ministers – pass decrees on issues within their area of competence.

Since the coup that brought Colonel Kadhafi to power in September 1969, he has in practice been Head of State. However, he refrains from calling himself Head of State, preferring to use the official title of "Guide".

MAP OF LIBYA*

* http://en.wikipedia.org/wiki/Libya

II. MEETINGS HELD

2.1   Meetings with Tuareg delegations from Mali

The first meeting was with the Tuareg delegation from Mali, invited by the Libyan authorities. This comprised deputy Bey Ag Hamdi from Tessalit (north of Mali) along with three other people accompanying him. The discussion focused on the new dynamic present in inter-Tuareg and cross-border relations due to the benevolent action of Colonel Kadhafi. ACHPR's new initiative to protect indigenous peoples' rights, as well as the research and information visit to Libya, was also discussed.

The second meeting was with another delegation of Malian Tuareg led by Mohamed ag Intalla. He is a deputy in Mali's National Assembly, elected at Tin-Essako in northern Mali. He was accompanied by Khadija, head of coordination between Libyan and Malian Tuareg women, and Bajan Ag Hamato, Tuareg deputy in Mali's National Assembly. The Mission discussed the Tuareg situation in Mali and Libya, along with the new dynamic facilitate by Colonel Kadhafi. There was general agreement that the establishment of inter-Tuareg relations right across the Sahara, from Mali to Libya, was a good initiative as it enabled the Tuareg to regain their vital space. The delegation was informed about the work accomplished by the Working Group and the objective of its visit to Libya.

Finally, the Mission met with two Tuareg delegations: one from Mali, led by deputy Mohamed Ag Intalla, and the other from Niger, led by Rhissa Boula, ex-minister of tourism. Present was also Mr. Moussa Alkouni, appointed to deal with Tuareg Affairs in Libya. The Mission explained the process initiated by the African Commission on behalf of indigenous peoples as well as the terms of reference of the visit to Libya. Having been encouraged, Mr. Alkouni reiterated his support to the Mission and stated his willingness to provide his assistance during the visit.

2.2 Meetings with officials and the Office for Studies and Research into Saharan Affairs

The Mission had a private meeting with Mr. Moussa Alkouni, a Tuareg from the Libyan Imanghassatan tribe appointed by the Libyan government to handle Tuareg affairs. The Mission discussed Libya's new policy of establishing contacts and links between the Tuareg, along with the development programmes Libya has just agreed to finance exclusively for the Tuareg in Mali and Niger. Discussions also focused on the ACPHR's work and the visit to Libya. Mr. Alkouni informed the mission that the Libyan authorities would appoint an institution to consider the issue of indigenous peoples.

The Mission also met with Dr. Mohamed Said Alguichat, Secretary of the *Bureau d'études et de recherches sur les affaires sahariennes* (Office for Studies and Research into Saharan Affairs). Dr. Alguichat, a former Ambassador to Saudi Arabia, is not a Tuareg himself but has written about the Tuareg and was in charge of handling the Tuareg influx into Libya in 1980. After a fruitful discussion regarding the visit, he gave some useful advice along with a recommendation to the local authorities.

2.3 Meetings with indigenous representatives

The first meeting with Libyan Tuareg was in the "Cambo Tiouri" shanty town in Sebha. After explaining the African Commission's process to them and handing out copies of the report of the African Commission's Working Group on Indigenous Populations / Communities, the people raised many complaints, particularly relating to housing. They asked for the report in Arabic as only a few of them could read English.

In Ubari, the Mission met the secretary of the people's committee, along with members of the committee, Mr. Bawa Abeid Azzintani (governor), and the General Secretary of the People's Congress (deputy). After a fruitful discussion about the visit, the committee provided information on the rights of the indigenous Tuareg tribes of Ubari.

The mission also held two meetings; one with the chiefs of the Ubari tribes, namely the Great Amenokal (i.e. supreme chief) Moulaye al

Kamari, and the chiefs of the Imanghassatan and Ihaggaran tribes, Abdelkrim Mohamed saleh Assoki and Hussein Maniou Mostapha, accompanied by a large entourage, and the other with chiefs of the Tuareg tribes from the Malian Sahara to whom Libya has just collectively granted nationality of origin. These included Khibbida Mohamed Bouka Oumar, Chief of the Ifoghas; Bachir Souleyman and Alhousseyni ag Boujakka, Chiefs of the Kel-Essouk tribe; Khamminna ag Mossa, Chief of the Kel Taghlit tribe; Ahmed Assouki, Chief of the Chaman Ammas tribe; and Bilal Ahmed, Oumar Kabba. During these two meetings, the African Commission's work on indigenous peoples and the problems they are facing in Libya was discussed. It should be noted that the Libyan authorities did not attend these meetings.

In all these meetings, the mission gave information about the African Commission and its Working Group and distributed the report of the Working Group on Indigenous Populations / Communities. The mission also explained the concept of indigenous populations and what their rights are. The Mission had to apologise at all the meetings that there were no copies of the report of the African Commission's Working Group on Indigenous Populations / Communities available in Arabic. It was promised that as soon as it became available it would be sent to them.

III. INFORMATION ABOUT THE INDIGENOUS POPULATIONS OF LIBYA

Libya is home to a substantial Amazigh minority[7] representing around 10%[8] of Libya's total population of 5.8 million. It should however, be mentioned that there has been no official census of the Libyan Amazigh population, which makes it difficult to know their exact numbers. Amazigh is the common term used for the indigenous peoples of Northern Africa that share similar cultural, political, and economic practices. The term Berber is also often used but, for many Amazigh people, this term has a derogatory connotation. The term Berber was the name given to the inhabitants of North Africa first by the Greeks and later by the Romans, whilst the term Amazigh is the name the indigenous peoples give themselves and which means "free man".

The Tuareg are part of the Amazigh peoples who live in the Sahara between Mali, Niger, Burkina Faso, Algeria, and Libya. Their language is Tamazight. They initially received the name 'Tuareg' from the Arabs, and later also from the Europeans. The Tuareg from Adhagh in northern Mali also call themselves 'Kel Tamachaq', whilst those living in north-eastern Mali and Niger call themselves 'Imagehan'. The Tuareg living in Algeria and Libya also call themselves 'Imouhagh'.

In Libya, the Tuareg, estimated to number 60,000, have never formed the object of a specific census. They are divided into the following tribes: Imanghassatan, Iwraghan, Imanan, Ibattanatan, Imaqerghissan, Ihaggaran, Kel-Oulli, Ifilalen, Ilamtayen, Iwarzatan, Kel-Essouk, Ifoghas, Imghad, Idnan, Chamanammas, Kel-intassar, Imouchar, Iraganatan, Taghat Mallat and Kel Tinalkom.

---

7   There is also a small Toubou population that has not declared itself indigenous and about which there is little
     information.
8   See www.ajam6.persianblog.com.

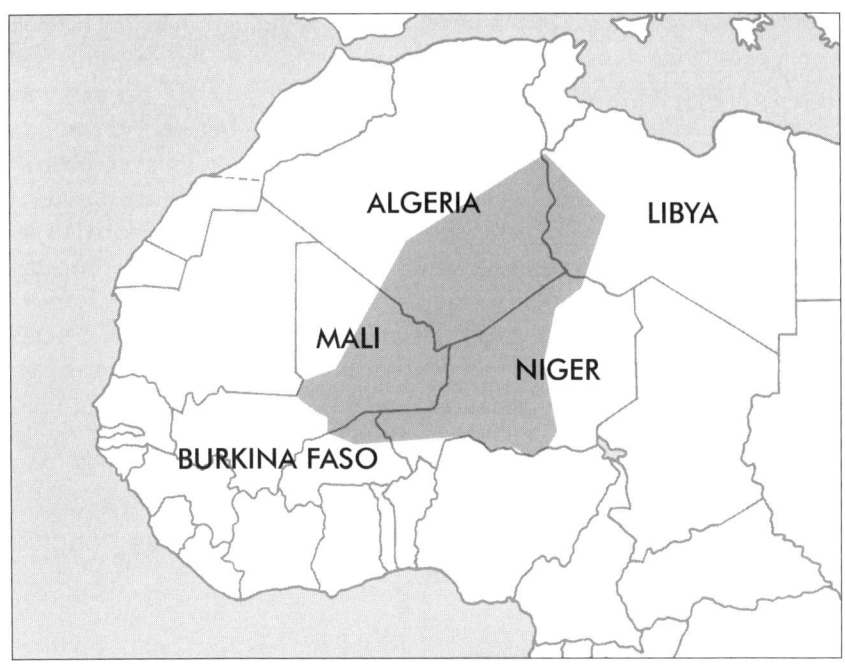

Areas where significant numbers of Tuareg live[9]

The Tuareg are traditionally Bedouins and household tasks are shared between husband and wife. The wife is traditionally in charge of fetching water and small ruminants, whilst the husband takes care of the camels and commerce. The Tuaregs' commercial activity mainly focuses on exchanging meat, game, camels and rock salt with dates, clothes, tea, sugar, and food .The Tuaregs' nomadic pattern is primarily guided by the availability of rain and pastures for their camels. They use their camels as a mean of transport, but also benefit from the milk and meat provided by the camels. However, in Libya, much of this traditional way of life belongs to the past. Colonel Kadhafi's revolution in 1969, amongst others, advocated a sedentary lifestyle for the Tuareg, which means that many of them have abandoned their nomadic lifestyle to live in the towns in southern and western Libya, mainly in Sebha, Ubari, Ghât and Ghadamès.

Although urbanised, most Tuareg still have herds of camels tended by herders in the Sahara. According to informants in Ghât, this situation has come

9   http://en.wikipedia.org/wiki/Tuareg

about primarily because of the qualitative breakthrough in terms of their standard of living during the 1970s and early 1980s, when the State provided them with almost everything. Most of the people interviewed welcomed "the benevolence of the Libya of the masses towards them" but some informants questioned whether this was not all done by design. It was the perception of the Mission that people were afraid to openly raise critique because, outside of group debates, some of them confided bitterly: "We hope to recover what we have lost - our identity, our culture and, above all, to shake off the fear that Arabo-Islamism gives us". Given the hegemony of the advocates of the extremist Arabo-Islamist ideology, only a continuation of Colonel Kadhafi's current policy of openness[10] can prevent further assimilation of the Amazigh population in general and the Tuareg in particular, an assimilation that has been planned to take place since the country's independence.

3.1   Developments in issues relating to indigenous peoples (Tuareg/Amazigh) in Libya

The Amazigh, and thereby also the Tuareg, issue has been on the political agenda since the middle of the last century, particularly under the two successive regimes of King Idris 1 and, later, Colonel Kadhafi.

Although demands by the Amazigh have not been noted until recently, the Libyan Imazeghan population has felt excluded and marginalised since independence. This has been due above all to basic education programmes that are not taking into account the Amazigh culture and history and their presence on the territory before the Islamic conquest, to the negative attitude of the state-run mass media and to the limitation of political decision-making only to the people's committees and congresses with no or little inclusion of the Amazigh population.

Under the monarchy (1951 – 1969)

Under the monarchy from 1951 to 1969, the marginalization of Amazigh populations in education and information was evident. The fervour of

---

10   Clear signs of a will to open up can be seen through the different speeches of Kadhafi. However, the old guard who still hold with the slogans of integral Arabism which deny the existence of every ethnic group, is still very active, according to the citizens the mission met in Ubari.

Arab nationalism imported from Nasser's Egypt quickly became imprinted on school curricula, quite simply ignoring the existence of any culture or people other than the Arabs. In fact, the Libyan kingdom looked solely to Egypt for its supplies of school textbooks. As an illustration of this imposition of Arab identity and ideology to the detriment of that of the Imazighen one has but to look at the textbooks of this time, particularly the 7th year basic education reader, which states:

> "We have endeavoured to ensure that this textbook comprises all elements that will ensure that the pupil believes a new spirit has entered his body, creating in him a pride in the Arabic language and Arab nation". [11]

In another chapter, the same book adds:

> "Your country and your State are the ones in which you live, but your nation is the Arab nation and you are above all Arab, belonging to this Arab Oumah that stretches from the ocean to the Gulf".

Despite an ignorance of Amazigh culture and language, which the mass media also did nothing to change, Amazigh individuals occupied important political positions under the monarchy, including prime ministers, ministers and members of parliament. It should, however, be noted that the Imazighen who were selected for these political positions were not selected to officially represent the Amazigh population.

Under "The Great Socialist People's Libyan Arab Jamahiriya" (State of the Masses) (1969 – today)

Following the 1969 coup, the new leadership of Libya, called "free officers", led by Colonel Kadhafi and ideologically influenced by Nasser, adopted Arab Socialism as the State ideology. For the new leadership, only one people exists in Libya, the Arab people, who are considered an integral part of the Arab Nation. According to this ideology, the Imazighen were Arabs who migrated in successive waves from Yemen and Arabia and the Amazigh language is simply an old pre-Islamic Arabic that is

11   *Aljazeera net*, bulletin December 4, 2005.

of no interest to save. This ideology was explained unofficially by Mr. Moussa Alkouni, Libyan consul in Kidal, North Mali, and is confirmed by the following quotes:

> *"The Tuareg are Libyan Arab tribes and Libya is their country of origin. These tribes came more than 5,000 years ago from the Arabian Peninsula. They are either Himyarites from Yemen or Phoenicians from Lebanon, so I call upon them to return to their country of origin".*[12]

This point of view is also held by some Libyan intellectuals. Dr Said Alguichat,[13] whose doctoral thesis is entitled: *"Les Touaregs, Arabes du Désert"* (The Tuareg, Arabs from the Desert) has said, *"There is no doubt that the Tuareg are Arab tribes who emigrated in three successive waves. The first with the breaching of the Ma'arib dyke in Yemen and the second with the Muslim conquests of Africa, while the third dates from the invasions of the Beni Hilal in the 11th century under the Fatimides"*. Dr Ahmed Mohamed Alasbahi[14] goes further by saying, *"The Imazeghan or Amazigh issue is no more than an attempt by the Western colonialists to exert their domination once more by falsifying history and playing with consciences. The Imazighen and the Arabs together form the Arab Nation"*.[15] For Dr Ali Akhchim, a well-known Libyan academician, *"There is no Amazigh issue in Libya. The Imazighen are simply early Arabs and no-one speaks Amazigh in our country"*.[16]

This denial along with the lack of freedom of expression and association outside of the official state machinery, has led to the creation of associations, particularly abroad, to defend the Amazigh culture. This includes the following: *Association Culturelle Tawalt* (Tawalt Cultural Association), Libyan Tamazight Congress (www.alt-libya.org), Tawiza: (www.tawiza.net), Tamazgha (www.tamazgha.fr)[17], *Le Mouvement culturel ber-*

---

12 Press conference by Colonel Kadhafi on September 9, 1990 at Janet in Algeria, following a quadripartite meeting with the Algerian, Malian and Niger Presidents regarding the Tuareg conflict in Mali and Niger, reported in the people's newspaper September 14, 1990.

13 At the time of the Mission's visit, he was director of the Office for Saharan Studies but he is now Ambassador to Yemen and Saudi Arabia.

14 Deputy Secretary-General of the People's General Congress (Vice-president of Parliament), conference held at the International Centre for Study and Research into the Green Book, August 2, 2004. Published by al-methaq.net.yet.

15 Own translation.

16 *Des avis sur la question amazigh en Libye*, July 15, 2005. Own translation.

17 Tamazgha covers the whole of North Africa.

bère (Amazigh Cultural Movement) and *Le Congrès mondial amazigh* (World Amazigh Congress).

It is apparent that the situation initially worsened under the State of the Masses as demands for recognition of the Amazigh as distinct peoples were likened to treason and conspiracy with the colonisers. This demonization can be seen in various comments, such as Mr. Ali Hassanein, ex-minister, who stated, *"There have never been any problems between Amazigh and Arabs; the Amazigh issue is an invention of Italian Orientalism, which created an evangelization institute at Zouara and wrote a book on the Amazighs..."*[18] In August 1997 Colonel Kadhafi said *"The Imazighen who demand their language are the henchmen of colonialism and must be combated".*[19] This declaration alone would be sufficient to deter any demands or creation of Amazigh cultural associations hence, perhaps, the reason for the lack of such associations in the country.

18   *Almanara* satellite TV station (*Aljazeera net*, July, 15 2005). Own translation.
19   The *Almaarifah* newspaper, in *Aljazeera net*, November 27, 2005.

IV. OVERVIEW OF THE SITUATION OF THE RIGHTS OF INDIGENOUS POPULATIONS IN LIBYA

4.1 Constitutional and legislative recognition

There is no legislative text that explicitly recognises the existence of an indigenous Amazigh people distinct from the Arab people of Libya. Two texts do, however, need to be considered:

1. One is an official and historic speech by Colonel Kadhafi, made on 15 October 1980 before the people of Ubari, in which he called on all the Tuareg tribes living in Mali and Niger to return to their "mother country, Libya". He told the Tuareg tribes of Ubari to *"seize their lands and their futures along with arms for their self-protection"*.[20]
2. The other is Article 16 of the Great Green Charter for Human Rights in the Jamahiriyan Era. This key document of constitutional standing recognises minorities: *"The right to preserve their cultural identity and heritage"* and prohibits *"all infringements of their legitimate aspirations as well as all recourse to force aimed at assimilating them into or merging them with other different communities"*.

Although there is implicit recognition, albeit limited, of the Amazigh population, they are not constitutionally recognised as a people. They are considered on a par with the rest of the population, i.e. no discrimination either positive or negative. They enjoy all the rights of other Libyan citizens. Although there appears to be no discrimination along ethnic lines, except in relation to language and culture, Libya is, however, in violation of Article 18 of the African Charter on Human and Peoples' Rights by legally failing to recognise its indigenous peoples.

---

20   Own translation.

Around 95% of the Libyan population is Arabic-speaking and there is no cause for alarm when one talks of "Libyan Arabic-speaking people", provided that safeguards are in place to protect the indigenous peoples, namely the Imazighen. This is, however, problematic since there is a wide discrepancy between the above mentioned texts and what happens in reality, particularly in terms of the right of association and the cultural and linguistic rights of the Amazigh population. Moreover the Tuareg, despite being close to the regime, do not escape this cultural and linguistic discrimination, both *de facto* and *de jure*. This will be discussed in more detail later.

4.2 The right of political representation

Despite the lack of constitutional recognition of the Amazigh population, their presence can be noted in governing bodies such as the people's congresses and committees, in addition to the army.[21] This is illustrated by the following examples:

- The head of Sebha[22] military zone, General Ali Kanna, from the Imanghassatan tribe, is Tuareg.
- At Ubari, the head of government, Bawa Abeid Azzintani, Secretary of the People's Committee, is a Tuareg from the Kel Tinalkom tribe. This region's deputy is also Tuareg, as are the majority of the members of the regional people's committee (local government).
- Mr. Houssein Alkouni from the Tuareg Kel Tinalkom tribe is currently secretary of the People's Committee (i.e. Governor) of Ghât, having been Libya's ambassador to Niger for 18 years.
- The security forces are run by Tuareg officers, the head of whom is Commander Waqui, from the Iraganatan tribe.
- The general delegate for inter-Tuareg relations is Moussa Al Kouni, appointed by Colonel Kadhafi to revitalize relations between the Tuareg throughout the Sahara so that they can develop whilst at the same time preserve their tribal structures.

---

21 Since Imazighen are not recognised as distinct from the Libyan Arab people, there are no statistics on their representation at national and local level.

22 Located in the southern region of Libya.

The level of participation of the Tuareg in the political administration indicates that they enjoy the same right of representation as other citizens. However, the impossibility of expressing themselves in their language within the State institutions remains a form of discrimination, and places them in a weaker position compared to the Arabs. This is hence a form of domination and of long-term assimilation that runs counter to the African Charter on Human and Peoples' Rights, in particular Article 2 on the prohibition of discrimination, including discrimination based on language, Article 13 on participation in public life, Article 19 on equality of peoples and Articles 20 and 22 on the right to freely determine their own development.

4.3   Socio-economic rights

Socio-economic rights are provided to the Tuareg up to a certain point. The economic backwardness of Fezzan in the south-western desert region compared to the rest of Libya should, however, be noted. By way of example, there is no gas main in Ubari or Ghât, areas where oil abounds. Furthermore, according to the local people, the road and telecommunications networks in these areas are not adequate to meet their needs, in a country as rich as Libya. It should also be noted that pastoralism, the traditional Tuareg way of life, has almost disappeared although the sedentary lifestyle has not truly assimilated the Tuareg. This is despite some Tuareg having made the choice to settle down in town areas because life is easier in the settlements compared to the harsh life of the Sahara, particularly during the prosperous years of the Revolution.

Overall, the oil-rich regions where the majority of the Imazighen live are the least developed in the country. And yet the community people's congresses, formed of a majority of Tuareg in Ubari and Ghât, are consulted with regard to the budget. This situation is most likely due to a lack of information on the part of the Imazighen themselves, or perhaps due to a fear of expressing themselves. In any case, it is the State that should have compensated for this failure, in order to avoid being in violation of the African Charter on Human and Peoples' Rights, particularly Article 9 on the right to information and expression, Article 19 on equality of peoples, Article 20 on the right to freely determine their own socio-economic development and Article 21 on disposal of their resources in the exclusive interests of the people.

4.4 The right to work

Article 11 of the Great Green Charter for Human Rights in the Jamahiriyan Era stipulates: *"The society of the masses guarantees work, which is both a duty and a right of all people, and everyone has the right to choose such work as suits them."*[23] In practice, many Libyans do work but their net salaries are very low in comparison to some less well-off African countries. By way of example, a secondary school teacher earns around 180 USD, a little less than his/ her counterpart in the Ivory Coast. This is difficult to understand in a country as rich as Libya, even though it must be acknowledged that free healthcare and accommodation make a difference in Libya. This is a very real provision in Libya and was only interrupted by the embargo.[24]

Unemployment in 2003/2004 affected around 30% of the active population.[25] This rate alone reveals a structural dysfunction, given that more than 1.5 million foreigners work in Libya. The Amazigh population, marginalized through ostracism of their culture, has a higher unemployment rate than the Arabic-speaking majority. According to experts, the reason for the high unemployment in general is the refusal of young people to work anywhere other than in the administration. In addition, it seems they are not competitive on the labour market due to their lack of specialisation, itself due to discrepancies between training and employment. To remedy this situation, Libya recently (16 April 2005) introduced a national employment fund, the aim of which is to give job seekers, such as recent university and vocational graduates, work opportunities. It also aims to grant loans to civil servants to encourage them to move into the private sector.[26]

Despite a higher unemployment rate, people interviewed noted that the Tuareg are treated in the same way as other citizens.[27] However, when the language required to access work is not one's own, equal opportuni-

---

23   Own translation.
24   The country was under an embargo from 1992-1999.
25   As stated by Choukri Ghanem, Libyan prime minister, at www. Nidaly.org, in Alahram Hebdo, July 20, 2005, Rue Algaala- Cairo- Egypt
26   *Panapress*, April 17, 2006.
27   The surprising unanimity among the people interviewed is perhaps a consequence of fear caused by the criminalisation of Amazigh demands.

ties cannot exist. This places the Imazighen generally, and the Tuareg in particular, in a weaker position compared to the Arabs. There is thus discrimination that is contrary to the articles of the Great Green Charter for Human Rights in the Jamahiriyan Era relating to equality, and Article 15 on equal right to work.

4.5   The right to health

Article 14 of the Great Green Charter for Human Rights in the Jamahiriyan Era stipulates: *"The society of the masses is a supportive one as it guarantees its members a modern level of health care, it provides care of the mother and the child and protection of the elderly and disabled."*

Progress in the area of health has been striking. In 1969, there was only one health post in Ubari whereas now there is a large hospital with 120 beds, three large health centres and 28 health posts (one per village). It must, however, be noted that the embargo seriously affected health infrastructure and that, according to some people, skills are not in line with the standard of living of a country as rich as Libya. This situation would appear to apply to the whole country. In fact, a study by the Alfatah University's Centre for Study and Scientific Research in Tripoli notes that life expectancy increased from 46 years in the 1960s to 70 years at the end of the 1990s, whilst the mortality rate fell from 118 per 1,000 in 1973 to 24.4 in 1995.[28] In 2002 the country had 7,100 doctors and 23,000 nurses and 4.4 beds per 1,000 inhabitants. Nonetheless, Libya still depends 90% on foreign countries for specialist medical care.

Given the denial of Amazigh identity, it is difficult to assess the proportion of Imazighen in these statistics. It should also be noted that state-of-the-art hospitals are concentrated along the coast while the desert areas are less well-served, despite the fact that Libya has made a huge leap forward in terms of providing free health care to the population. Hence the issue of respect for equal right of access to public services as mentioned in Article 13(3) and Article 16 of the African Charter on Human and Peoples' Rights arises, in addition to the denial of the Amazigh language, which creates an imbalance in relation to all public services.

---

28   Dr. Ali Alhawat in *Développement humain en Libye*, Tripoli University, 2002.

4.6   The right to establish associations and unions

Article 16 of the Great Green Charter for Human Rights in the Jamahiriyan Era states that: *"The sons of the society of the masses are free to establish
associations, unions or any relationship to defend their professional interests."*[29]

Unions exist in the Tuareg areas and particularly in Ubari. They ex-
press their points of view and grievances within the community people's
congresses, where a summary is made for submission to the regional and
national levels. However, the Mission did not come across any human
rights organisations, apart from the one chaired by Seif Alislam, son of
Colonel Kadhafi. Nearly all Libyans with whom the Mission raised this
issue stated that it was because there is no need for such organisations,
arguing that as power is concentrated in the hands of the people, there is
no one they need to defend their rights from, all the more so as there is
already a state-run human rights association.

It should also be noted that all recognised organisations in Libya are
affiliated to the people's congresses.[30] Although debate is free and open
within these people's congresses and committees, it is impossible outside
of these structures. This clearly represents a violation of the freedom of
association and shows a disregard for Article 10 of the African Charter on
Human and Peoples' Rights.

4.7   The right to housing

The Green Book, the official doctrine of the Libyan government, proclaims
throughout the streets of all Libyan towns: "The house belongs to those
who live in it". Article 12 of the Great Green Charter for Human Rights in
the Jamahiriyan Era also specifies: *"The sons of the society of the masses are
freed from the feudal system and each of them has the right to use and derive
profit from the land by working it, cultivating it, using it as pasture for his ani-
mals for the length of his life and that of his heirs, until their needs are satis-
fied".*

---

29   Own translation.
30   Grassroots organisations in the Libyan political hierarchy are made up of people of a single neighbourhood or
      company.

Every Libyan has the right to a plot of land and an interest-free loan to build on it. In Ubari, the Tuareg governor, Mr. Bawa Abeid Azzintani, provided the following statistics on his town of 75,645, largely Tuareg, inhabitants:

- The State has built complete homes with a field and tractor for every citizen in the different areas of Ubari.
- In 1975, Colonel Kadhafi inaugurated agricultural projects in what was formerly known as "the valley of death"[31] in the region of Ubari. The Tuareg families of this valley each benefited from 10 hectares, a house, a tractor and 10 head of cattle and goats.
- Housing has also been built for the population as follows: 37 at Al-abiad, 300 at Al-hamra, 23 at Qbiya, 43 at Algraya. Agricultural lands have been distributed at Ubari as follows: 1500 ha at Dissa, 300 at Fejij, 650 at Algraya and 300 at Qbuya. This seems to be sufficient for the beneficiaries' subsistence living.

It should, however, be noted that there are two neighbourhoods, both shanty towns, that form an exception to these efforts; one in Sebha, known as "Cambo Tiouri" and the other in Ubari "In Tlaquin", which in Tuareg means "rows of hovels". These two shanty towns are the very epitome of desolation and poor hygiene, especially in Sebha. People admitted they had left the desert to move here, attracted by the promise of the modern towns that would be built for them by those in power, and for which they have been waiting a long time. They live in hope that the loans promised by the State will be provided so they can escape their hovels, the sanitary conditions of which leave much to be desired. The situation is better in Ubari, where the secretary of the people's committee showed the Mission the programme planned for the area, namely granting of plots for housing and long-term interest-free loans with which to build new houses. The tribal chiefs that the Mission met separately confirmed the existence of this project. It should also be clarified that the Mission saw both the achievements that have been made and the hovels mentioned above.

---

31 The 'valley of death', later re-named the 'valley of life' refers to 165 km of uninterrupted agricultural projects between Sebha and Ubari.

4.8 The right to education

Article 15 of the Great Green Charter for Human Rights in the Jamahiriyan Era proclaims: *"Education and knowledge are a natural right for all individuals and everyone has the right to choose, without any constraint, the education that suits him".*[32]

This is an area in which the Libyan State has done a great deal (in quantitative terms), with a school enrolment of 24,228 pupils in Ubari - of which 12,422 are girls - and a total of 4,630 teachers. To understand the quantitative leap forward made in terms of education, it must be recalled that in 1969, the five *chaabiat* (prefectures) in the south had only 15 pupils and there was only one higher secondary school. Today, in one of these five prefectures alone, in this case Ubari, there are 1,800 students distributed between a faculty of arts, a teacher training institute and an advanced health training centre. There is also a higher institute for vocational training with 500 students. At secondary school level, Ubari has 29 schools and at primary school level, Ubari now has 53 basic primary schools and 280 pre-school groups. This quantitative progress is reflected at the national level.

It must, however, be noted that the educational syllabus makes no reference to the Amazigh of Libya. This denial of a part of this people's history belies the interest that Colonel Kadhafi shows in the Tuareg and forms a considerable moral prejudice in violation of the provisions of the African Charter on Human and Peoples' Rights, particularly Article 3, which stipulates the equality of all. In fact, the Imazighen in general and the Tuareg in particular are prejudiced by the education system, which quite simply ignores their existence.

4.9 Cultural and linguistic issues

The Amazigh culture and language has been marginalized for a long time, in particular by the mass media and within the educational system.[33] Despite the fact that Colonel Kadhafi in 1981 proclaimed Libya as

---

32 Own translation.
33 The media tend to present the Tuareg in a folkloristic manner, which is mainly of particular interest to tourists.

the fatherland of all the Tuareg, the Tuareg culture, language and alphabet (Tifinagh) are entirely missing from school and television programmes.

Whilst the Tuareg culture and language in practice suffers from ostracism and non-Arab cultures are *de facto* subjected to assimilation, Libya in theory protects minorities and prohibits their forced assimilation through the Great Green Charter for Human Rights in the Jamahiriyan Era. The Charter states in Article 26: " ... *minorities in the Libyan Jamahiriya have the right to preserve their identity and their cultural heritage. It is not permissible to suppress their legitimate aspirations nor to resort to forcing them to assimilate into other ethnic groups"*.

As for language, Decree No. 131 must be noted because it specifies the teaching of African languages. This decree, issued by the deputy Secretary for Services, i.e. the vice-minister for social affairs, states:

- Article 1: In accordance with the provisions of this decree, African languages (Tuareg, Toubou, Swahili and Peulh) will be taught as minor subjects in basic education seemingly from 1999 and the teaching of these languages to pupils must continue into higher education.
- Article 2: The national institute for scientific teaching is responsible for preparing the necessary programmes for the teaching of these languages.
- Article 3: The people's committees of the prefectures are responsible, each to the extent of its geographical sphere of influence, for recruiting the necessary skills for this teaching. They are responsible for implementing the effective teaching of these languages in schools.
- Article 4: This decree shall come into force on the date of its signing and the competent authorities shall be responsible for its application.

The Tuareg and Toubou languages, which, like Arabic, are languages of the Libyan population, are presented alongside Swahili and Peulh, both African languages. The sidelining of the Tuareg language with other African languages indicates the relatively small importance officially placed on the language of the indigenous peoples and questions the

Libyan authorities' intention to promote the Tuareg language, which seems to have been postponed indefinitely. In the eyes of many Libyans, this situation represents an injustice and it is indeed one in the context of Article 2 of the African Charter of Human and Peoples' Rights, which prohibits all segregation on the basis of language, among other things.

The language decree, which raises expectations as to the teaching of minority indigenous languages, has not been implemented despite the clear provisions of Articles 2, 3 and 4. There are a number of reasons why the Tuareg language is not taught in Libya, and particularly in Ubari:

The executive and legislative authorities of Ubari prefecture are both run by Tuareg. It is therefore difficult to understand why a decision coming from such a high authority has remained dead letter. The head of the Ubari regional executive, Mr. Azzintani, to whom the Mission posed this question, maintains that it is due to lack of skills that the Tuareg language is not yet being taught.

The tribal chiefs that the Mission met, although delighted with this decree, did not seem overly concerned with putting it into practice. There seemed to be a lack of motivation, even interest, among those it primarily affected. Judging by the meeting the Mission had with some of the customary chiefs, it seems that the primary responsibility for this situation lies with the education authorities, who are not yet in tune with the changes decreed by the higher authorities.

Lack of awareness raising among the Tuareg community itself also appears to have something to do with this situation as the Tuareg should have been demanding application of a decree that is to their advantage.

The language decree is thus virtually obsolete because the Tuareg language is not taught anywhere in Libya and it appears that no one dares to demand it.

One has but to watch Libyan TV to notice that many Tuareg cultural events are organised, but they are above all aimed at tourists. The lack of an association to defend the Tuaregs' cultural, linguistic and other rights is quite unfortunate. Mr. Alkouni, a Tuareg appointed by Colonel Kadhafi to deal with Tuareg affairs, argued that nothing was preventing people from forming this kind of association and, as proof, he mentioned the work of Colonel Kadhafi himself in creating a pan-Tuareg tribal association.[34] However, promoting Tuareg culture and language appears to be the last concern of the authorities. This opinion was confirmed by the unofficial position of the Libyan authorities met during the visit, who stated that there is only one people in Libya, the Arab people, and those who are called Berbers or Amazigh are Arabs who arrived in successive waves from Yemen and Arabia. The officials also pointed out that Amazigh languages in general, and the Tuareg language in particular, is not taught because it is difficult to translate Arabic scientific and technological terms into the Tuareg language and because nobody is calling for this language to be promoted in Libya.

4.10   Government programmes aimed at improving the situation of the indigenous population

The "valley of death" project, renamed "valley of life" by Colonel Kadhafi in 1975, demonstrates the efforts being made by the State on behalf of the inhabitants of Ubari and Sabha and Libyan Tuareg in general.[35] A number of other projects being implemented on behalf of the Ubari population must also be mentioned.[36] The head of government in this prefecture, surrounded by six of the heads of local administration, provided the Mission with the following information during our meeting. In Ubari, apart from the projects already mentioned previously, there are currently two types of project. One is the agricultural production projects, which are divided into districts of 50 hectares each, as follows: Meknoussa project involves 91 districts, Barjuj project involves 61 districts and Irawan project involves 50 districts. The other type of project is construction projects through which the State is building houses and providing fields and tractors plus 10 head of livestock to families. These projects are: Addissa project involving 1500 ha, Afajij project involving 300 ha, Al graya

---

34 In fact, the Mission met with Tuareg delegations from Mali, one of which comprised 25 people, who were visiting Libyan Tuareg country to establish contact with the Tuareg in Libya. Colonel Kadhafi has, moreover, just opened a consulate in Kidal in northern Mali to implement development projects with the Tuareg. These projects have already commenced.

35 Albeit relative, given the wealth of Libya in general and of this region, in particular, as it is a region rich in oil and gas.

36 These projects are not specifically implemented for the Tuareg but for the Libyans of the area, the majority of whom are assumed to be Tuareg.

project involving 650 ha, Argueiba project involving 300 ha, Alabiadh project involving 200 ha and Alhamra project involving 300 ha.

It should also be noted that, over the last two years, the Ubari Agricultural Bank has granted projects to nomadic populations to an amount of 11,920 Libyan Dinar, benefiting 570 families. As for the savings and financial investments bank, over the last two years it has issued loans totalling 88.4 million LYD, benefiting 2,210 people.

The impact of these projects is perceptible among the beneficiaries. The exact number of Tuareg beneficiaries is not known but, according to the Governor of Ubari, Bawa Abeid Azzintani, they are numerous. One of the complaints from the affected populations is that the projects did not continue long enough to involve everybody. This was, however, partly due to the embargo the country experienced between 1992 and 1999. Others also commented on the lack of maintenance and most expressed their worries following the announced suppression of the subsidies on basic necessities and farm inputs, especially in light of the very low salaries.

It must, however, be noted that these development programmes in no way take into account the indigenous specificities of the Tuareg, neither their culture nor their language. On the contrary, they support an excessive Arabisation to the detriment of the indigenous Tuareg language and way of life.

4.11 Gender issues

In Libya, gender equality is dealt with both on a legislative level and in practice. In terms of legislation, Article 21 of the Green Charter for Human Rights in the Jamahiriyan Era stipulates: *"Men and women of the society of the masses are equal, for discrimination between men and women, in terms of rights, is a serious and unjustifiable injustice. The household is an association between two partners who remain equal, and neither of them has the right to marry or divorce the other without their consent. A mother may not be deprived of her children or her home."*[37] Law 20 dated 1 September 1991 on strengthening freedom guarantees women the right to work. In fact, Article 28 of this law states: *"Women have the right to a job that is suitable for them and must not be put in a position that compels them to undertake work contrary to*

---

37 Own translation.

their nature."[38] These two texts clearly indicate the privileged position granted to women, particularly in comparison with some neighbouring countries.

At a practical level, women occupy positions at all levels of the civil, military, technical and legislative administration. They are army generals, ministers, deputies, prefects, doctors, teachers etc. Moreover, Colonel Kadhafi's bodyguards are mainly women. In the Tuareg area of Ubari, the number of girls attending school is higher than the number of boys (11,806 boys and 12,422 girls), which is one of the best rates in Africa. Furthermore, the involvement of Libyan women in socio-economic activity has risen from 4% in 1964 to 20% in 1995 and they make up 47% of the workforce in the health sector. As for illiteracy among women, this fell from 87% in 1964 to 27% in 1995.

On a political level, women make up 35% of the people's congresses. However, discrimination in terms of employment and education related to identity, culture and language affects Amazigh women in general and Tuareg women in particular, who must become committed Arab nationalists if they are to climb the career ladder.[39]

---

38   Idem.
39   It is difficult to obtain statistics on the number of women present in the administration but Colonel Kadhafi, on a visit to Bamako in 1987, went with a bodyguard of 400 women, the commander of whom was also a woman.

V. REGIONAL COOPERATION

Since the 1980 appeal by Colonel Kadhafi calling on all Tuareg to return to their Libyan motherland, the country has made a great effort to further regional cooperation among the Tuareg.

Colonel Kadhafi supported the Tuareg during a quadripartite meeting held in 1991 in Algeria, organised to prevent the emerging Tuareg uprising in Mali and Niger. In April 2005, Colonel Kadhafi invited all chiefs of the Malian and Niger Tuareg tribes to visit Libya and put them in touch with the Libyan Tuareg in Segha and Ubari. This was most likely the first time an Arab leader had tried to bring all the Tuareg together. The appointment of a Tuareg such as Mossa Alkouni to head a mission reporting directly to Colonel Kadhafi for development of the Tuareg regions of Mali and Niger is a further sign of confidence. Projects presented seem to have gained the requested funding. During the Mission's visit, a number of Libyan experts travelled to Kidal in northern Mali to sink a well to provide much needed drinking water for the Tuareg population.

Colonel Kadhafi's intention would seem to be to ensure the development of the Tuareg so that they can preserve some of their ancestral virtues. In fact, Colonel Kadhafi has apparently asked all the Tuareg delegations he has received to reject drugs, arms, terrorism and religious extremism. He has apparently also asked them to cultivate their ancestral values: truth, moderation, piety and peace, to name but a few. But although Colonel Kadhafi pays particular attention to the Tuareg, hence his popularity among them, the Libyan State is taking its time to compensate them for injustices related to their history, language and culture.

VI. CONCLUSION

The indigenous peoples of Libya, the Amazigh population, generally enjoy the same level of socio-economic rights and the right to development as other citizens of the country. Some development projects aiming at improving the situation of the Tuareg population have been implemented. Although these projects have not taken into account the indigenous specificities of the Tuareg, they have contributed to improving their living standards.

All the Tuareg whom the Mission met, including those in the miserable shanty towns of "Cambo Tiouri" and "Tilaquine", expressed their support for the country's current authorities. For them, the authorities represent a real hope, particularly now that the embargo has been lifted and the country is opening up to investment and tourism. The development projects implemented in areas with a large indigenous population, as well as the role played by Colonel Kadhafi in promoting African Amazigh unity, is likely to be part of the reason for the stated support.

In contrast to socio-economic rights, the cultural and political rights of the indigenous population are limited, due largely to the lack of explicit recognition of the country's indigenous peoples, the lack of associations defending their rights, the lack of awareness raising among those principally concerned and the lack of freedom of expression outside of the people's congresses. The country's denial of an essential component of its identity, of its culture, its language and its history, including Amazigh, remains a violation of not only the African Charter on Human and Peoples' Rights but also a large number of international conventions to which Libya is a party.

At least in some parts of the administration there is a political will to help the Tuareg preserve their traditional structures, through such initiatives as the efforts to revive regional cooperation between the Tuareg of the Maghreb countries and those of Sub-Saharan Africa. Paradoxically, their culture, language and way of life do not enjoy the same attention.

The new Libyan diplomacy, aimed at rehabilitating the Tuareg chieftaincies throughout the whole of the Sahara and encouraging relations between them, is thus proof of a reigning confusion. On the one hand the Tuareg are being helped to develop and promote their ancestral virtues and traditional structures and, on the other, there is a denial of their history, culture, language and specific nature.

The process of assimilation that has taken place since Libya's independence to make the indigenous groups an integral part of the nation gradually led the Imazighen to abandon their traditional nomadic way of life and settle in permanent settlements. Although the settled life does provide an easier life for the indigenous population, voices of discontent and a wish to recover their culture and identity are heard.

The Amazigh of Libya, including the Tuareg, have suffered a denial of their existence and continue to endure marginalization in terms of their culture and language. And yet some signs seem to raise hopes for their recognition in the wake of the changes that seem to be slowly taking place in Libya. For the Tuareg, the first signs of their recognition exist in political discourse and legal texts. One example is a language decree, which provides for the teaching of African languages, including Tuareg, in the education system. To what extent this is being carried out in practice remains doubtful because the Libyan authorities as well as the Tuareg elites are taking their time in turning these rights to their benefit. Hence, administrative inertia and a lack of awareness raising prevent the Tuareg community from fully benefiting from the regime's overtures, however small, and the confidence placed in them by the Libyan authorities.

VII. RECOMMENDATIONS

In light of this report's findings, the African Commission's Working Group on Indigenous Populations/Communities makes the following recommendations:

1. Encourage Libya to ratify ILO Convention 169 on the Rights of Indigenous Peoples;
2. Urge Libya to grant cultural and political rights to all its citizens, including indigenous populations;
3. The Libyan State should raise awareness among its Amazigh population, including the Tuareg, of their right to preserve their identity and their culture by opening up the mass media to them and by helping them to form associations;
4. Encourage Libya to show more interest in Amazigh culture and language, and to allow this culture and language to flourish. Libya should thus seek to promote and preserve the Amazigh cultural heritage, language and history in Libya;
5. Urge Libya to recognise Tamazight as one of the national and official languages and create an institution responsible for promoting this language[40];
6. Call upon the country to include references to the Amazigh history and culture in school curricula;
7. Encourage Libya to ensure that the Amazigh regions overcome their economic backwardness in relation to the rest of the country;
8. A meeting of the Working Group should be held in the Amazigh region of Libya (Ghât or Ifren) in order to dispel the fear that the Amazigh feel, despite the clear and positive changes in the country;

---

40   As in Morocco with the *Institut de l'Amazighité*.

9. Urge Libya to conduct a widespread dissemination of the report of the African Commission's Working Group on Indigenous Populations / Communities and the African Charter on Human and Peoples' Rights;

10. Encourage Libya to report back to the next session of the African Commission on the decisions it has taken to implement these recommendations.

RAPPORT DU GROUPE DE TRAVAIL DE LA COMMISSION AFRICAINE SUR LES POPULATIONS / COMMUNAUTÉS AUTOCHTONES

VISITE DE RECHERCHE ET D'INFORMATION EN LIBYE

11 – 25 août 2005

La Commission africaine des droits de l'homme et des peuples a pris note de ce rapport lors de sa 40ème session ordinaire, 15-29 novembre 2006

Commission Africaine des Droits de l'Homme et des Peuples (CADHP)

IWGIA

International Work Group for Indigenous Affairs

2009

RAPPORT DU GROUPE DE TRAVAIL DE LA COMMISSION AFRICAINE SUR LES POPULATIONS / COMMUNAUTÉS AUTOCHTONES

VISITE DE RECHERCHE ET D'INFORMATION EN LIBYE
11 – 25 août 2005

© **Copyright :** CADHP et IWGIA - 2009

Mise en page : Jorge Monrás

Imprimerie : Eks-Skolens Trykkeri, Copenhagen, Denmark

ISBN : 978-87-91563-67-6

Distribution en Amérique du Nord:
Transaction Publishers
390 Campus Drive / Somerset, New Jersey 08873
www.transactionpub.com

COMMISSION AFRICAINE DES DROITS DE L'HOMME ET DES PEUPLES (CADHP)
No 31 Bijilo Annex Layout - Kombo North District, Western Region - P.O.Box 673, Banjul, The Gambia
Tel: +220 441 05 05/441 05 06 - Fax: +220 441 05 04
achpr@achpr.org - www.achpr.org

INTERNATIONAL WORK GROUP FOR INDIGENOUS AFFAIRS
Classensgade 11 E, DK-2100 Copenhague, Danemark
Tel: +45 35 27 05 00 - Fax: +45 35 27 05 07
iwgia@iwgia.org - www.iwgia.org

Ce rapport est publié grâce au soutien du
Ministère des Affaires Etrangères du Danemark

TABLE DES MATIERES

REMERCIEMENTS

Ces quelques informations n'auraient pas été réunies sans l'appréciable disponibilité des autorités libyennes. Nous remercions particulièrement le colonel Kadhafi, qui a bien voulu recevoir la mission, M. Moussa Elkouni, Ex consul libyen à Kidal au Nord du Mali, M. Bawa Abeid Azzintani, Gouverneur de la région d'Oubari, M. Hussein Elkouni, Gouverneur de la région de Ghat, les chefs des tribus touarègues et tous ceux qui nous ont aidés de près ou de loin.

PREFACE

La Commission africaine des droits de l'homme et des peuples (CAD-HP ou Commission africaine), qui est l'organe des droits de l'homme de l'Union africaine, s'occupe de la situation des droits de l'homme des peuples autochtones depuis 1999. Les peuples autochtones font partie des groupes les plus vulnérables et les plus marginalisés du continent africain. Depuis la 29ème Session ordinaire de la Commission africaine de 2001, leurs représentants participent aux sessions de la CADHP et apportent leurs vibrants témoignages en ce qui concerne leur situation et les violations des droits de l'homme dont ils sont victimes. Leur message s'inscrit dans une forte demande de reconnaissance et de respect et en appelle à une amélioration de la protection de leurs droits civils, politiques, économiques, sociaux et culturels. Ils demandent aussi le droit de vivre en tant que peuple et d'avoir leur mot à dire dans le choix de leur futur, qu'ils veulent pouvoir baser sur leur propre culture, leur identité, leurs espoirs et leur conception du monde. En outre, les peuples autochtones souhaitent exercer leurs droits dans le cadre institutionnel des états-nations auxquels ils appartiennent. La Commission africaine a répondu à leur appel. La Commission africaine reconnait que la protection et la promotion des droits de l'homme des groupes les plus défavorisés, marginalisés et exclus du continent est un problème majeur et que la Charte africaine des droits de l'homme et des peuples doit être le cadre de protection et de promotion de ces droits.

Afin de définir une base à partir de laquelle élaborer des discussions et formuler des recommandations, la Commission africaine a mis en place un Groupe de travail sur les populations/communautés autochtones (Groupe de travail) en 2001. Le Groupe de travail a mis en œuvre son mandat initial en produisant un document complet intitulé « Rapport du groupe de travail d'experts de la Commission africaine sur les populations/communautés autochtones », sur la situation des droits de l'homme des peuples et communautés autochtones en Afrique (le rapport complet peut être téléchargé sur http://www.achpr.org). Le rapport a été

adopté par la Commission africaine en novembre 2003 et publié sous forme de livre en 2005. Ce rapport représente la conception et le cadre institutionnel officiels de la Commission africaine en ce qui concerne la question des droits de l'homme des peuples autochtones en Afrique. En 2003, le Groupe de travail a reçu comme mandat de:

- Lever des fonds pour financer les activités du Groupe de travail, avec le soutien et la coopération des bailleurs de fonds, des institutions et des ONG intéressés;
- Collecter des informations venant de toutes les sources possibles (y compris les gouvernements, la société civile et les communautés autochtones) sur l'état des violations des droits de l'homme et des libertés fondamentales des populations et communautés autochtones;
- Entreprendre des visites de pays pour étudier la situation des droits de l'homme des peuples et communautés autochtones;
- Formuler des recommandations et des propositions sur les mesures et les activités appropriées pour prévenir et remédier aux violations des droits de l'homme et des libertés fondamentales des peuples et communautés autochtones;
- Soumettre un rapport d'activités à chaque session ordinaire de la Commission africaine;
- Coopérer chaque fois que cela est faisable et pertinent avec les autres institutions, organisations et mécanismes internationaux et régionaux des droits de l'homme.

Sur la base de ce mandat, le Groupe de travail a développé un programme extensif d'activités. Ce programme comprend entre autres des visites de pays, l'organisation de séminaires de sensibilisation, la coopération avec les diverses parties prenantes et la publication de rapports ; le tout dans le but de protéger et de promouvoir les droits des peuples autochtones en Afrique.

Ce rapport fait partie d'une série de rapports spécifiques de pays produits par le Groupe de travail et adoptés par la Commission africaine des droits de l'homme et des peuples. Les rapports de pays font suite à diverses visites, effectuées dans ces pays par le Groupe de travail, qui toutes ont cherché à impliquer d'importantes parties prenantes comme les gouvernements, les institutions nationales de droits de l'homme, les ONG,

les agences intergouvernementales et des représentants des communautés autochtones. Les visites ont cherché à impliquer tous les acteurs pertinents dans un dialogue autour des droits humains des peuples autochtones et à les informer de la position de la Commission africaine en la matière. Les rapports traitent non seulement des visites du Groupe de travail mais cherchent aussi à développer les termes d'un dialogue constructif entre la Commission africaine, les différents états membres de l'Union africaine, ainsi que les autres parties intéressées.

Jusqu'à ce jour, le Groupe de travail a entrepris des visites au Botswana, au Burkina Faso, au Burundi, en République Démocratique du Congo, en République Centrafricaine, au Gabon, en Namibie, au Niger, en Libye, en République du Congo, au Rwanda et en Ouganda. Ces visites ont été effectuées entre 2005 et 2009 et il est prévu d'en publier les rapports, une fois que ceux-ci auront été adoptés par la Commission africaine. L'espoir est que ces rapports contribuent à une prise de conscience sur la situation des peuples autochtones en Afrique et s'avèrent utiles pour établir un dialogue constructif et identifier les moyens appropriés par lesquels la situation des peuples autochtones d'Afrique pourra être améliorée. Malheureusement, le rapport de la visite en Libye n'a été pulié qu'en 2009, quatre ans après la visite, pour des raisons logistiques.

L'espoir est, qu'à travers notre effort commun, la situation critique des droits de l'homme des peuples autochtones soit largement reconnue et que toutes les parties prenantes oeuvrent, chacune dans leur domaine, à la promotion et à la protection des droits de l'homme des peuples autochtones.

Commissaire Musa Ngary Bitaye
Président du Groupe de travail de la Commission africaine
sur les populations/communautés autochtones

RESUME EXECUTIF

L e Groupe de travail de la Commission africaine sur les populations/ communautés autochtones a effectué une visite de recherche et d'information en Libye, du 11 au 25 août 2005. La visite de recherche et d'information en Libye a été effectuée par M. Khattali Med Ag M. Ahmed, membre du Groupe de travail.

Les informations collectées lors de la visite ont été obtenues grâce aux discussions et aux entretiens avec les officiels libyens, des représentants autochtones, ainsi que des délégués autochtones du Mali et du Niger en visite officielle en Libye au moment de la mission.

Il faut préciser que les informations qui ont pu être recueillies durant cette visite ne sont pas aussi étendues que l'on aurait pu le souhaiter. L'expert local, avec lequel la mission était censée effectuer la visite, a malheureusement dû voyager à l'étranger au même moment. Le Groupe de travail a tout de même décidé de procéder à la visite. Cependant, la mission a perdu une semaine entière à Tripoli, raison pour laquelle il n'a pas été possible de rendre visite à toutes les communautés autochtones prévues au programme. Malgré ce contretemps, la mission à tout de même effectuer une visite dans les communautés touarègues de la préfecture d'Ubari[1]. Bien qu'il eût été préférable de rendre visite à plus de communautés autochtones imazeghan[2] les informations recueillies sur la situation des Touaregs peuvent probablement s'appliquer aux autres groupes imazeghan, étant donné qu'ils vivent sous le même système, un système qui ignore leur nature spécifique et sous lequel ils connaissent la discrimination.

---

1   Ubari est située approximativement à 1000 km au sud de Tripoli, de l'autre côté de l'oued Targa et à 30 km environ de Garama, l'ancienne capitale des Garamentes. D'une superficie d'environ 466,000 km², cette préfecture compte 75,645 habitants dont la majorité sont des Touaregs. La préfecture est constituée de onze municipalités auto-gérées, soit : la ville d'Ubari, Algaerat, Laghrepha, Germa, Brek, Gragra, Lafjij, Lagraya, Raguiba, Beit Baya et Labiad

2   Pluriel d'Amazigh.

L'objectif de la visite était de :

• Sensibiliser le gouvernement libyen, les autorités régionales et locales, les organisations nationales de droits de l'homme, les média, les organisations et les associations de la société civile, les agences de développement et les autres acteurs intéressés au rapport et aux efforts de la Commission africaine sur les droits de l'homme et des peuples concernant les populations autochtones ;
• Collecter des informations concernant la situation des droits de l'homme des populations autochtones en Libye dans le but de produire un rapport détaillé à la Commission africaine des droits de l'homme et des peuples ;
• Distribuer le rapport de la Commission africaine sur les populations autochtones aux personnes et institutions clés.

La Libye couvre une superficie de 1 759 540 km² et compte une population de 5,8 millions d'habitants dont la plupart sont des Arabes. Il y a également une large minorité amazighe représentant environ 10% de la population totale en Libye. Les Touaregs font partie du peuple amazigh et vivent dans le Sahara entre le Mali, le Niger, le Burkina Faso, l'Algérie et la Libye. En Libye, la communauté touarègue est estimée à 60 000 personnes.

Depuis 1977, la doctrine de la Libye se base sur le Livre vert, écrit par le colonel Kadhafi et constituant le cadre idéologique du système de « démocratie directe ». Bien qu'il y ait une reconnaissance implicite, quoique limitée, de la population amazighe, les Imazeghan ne sont pas reconnus constitutionnellement comme peuple. Tous les libyens étant égaux, cela n'implique ni discrimination positive, ni discrimination négative. Jusqu'à récemment, la rhétorique officielle indiquait clairement qu'il n'y avait qu'un seul peuple en Libye, le peuple arabe, considéré comme partie intégrante de la nation arabe. Toute demande de reconnaissance du peuple amazigh comme peuple distinct était considérée comme une trahison et une conspiration avec les colonisateurs.

La question amazighe, et par conséquent la question touarègue, est une question politique depuis le milieu du siècle dernier. Bien qu'aucune demande de la part des Imazeghan n'ait été posée jusqu'à récemment, la

population amazighe a été exclue et marginalisée depuis l'indépendance. Le processus d'assimilation mis en oeuvre depuis l'indépendance de la Libye, pour faire des peuples autochtones une partie intégrante de la nation a graduellement conduit la population amazighe à abandonner son mode de vie nomade traditionnel et à se sédentariser dans des villages permanents. Bien que la sédentarité rende la vie des populations autochtones plus facile, une insatisfaction et un désir de recouvrer leur culture et leur identité se font entendre.

La population amazighe jouit généralement du même niveau de droits socio-économiques et de développement que les autres citoyens du pays, et un certain nombre de projets de développement dans les zones imazeghan ont été implantés. Contrairement aux droits socio-économiques, les droits culturels et politiques de la population autochtone sont limités; ce qui est largement dû au manque de reconnaissance explicite des peuples autochtones dans le pays, au manque d'associations défendant leurs droits, au manque de sensibilisation auprès des principaux concernés et au manque de liberté d'expression hors des structures politiques officielles. La mission n'a pas eu connaissance de l'existence d'une organisation de droits de l'homme, mis à part celle dirigée par Seif Alislam, fils du colonel Kadhafi.

Dans la lignée des changements qui semblent peu à peu se produire en Libye, certains signes laissent cependant naître un espoir pour la reconnaissance des populations autochtones. Le colonel Kadhafi a pris l'initiative de raviver la coopération régionale entre les Touaregs des pays du Maghreb et ceux de l'Afrique sub-saharienne. Des signes de reconnaissance d'une population autochtone distincte existent dans le discours politique et les textes juridiques. Par exemple, un décret sur la langue permet, dans le système éducatif, l'enseignement en langues africaines, y compris en langues autochtones. Cependant, l'application de ce décret reste problématique car les autorités libyennes, de même que les élites autochtones, tardent à mettre en pratique ces droits. La lenteur de l'administration et le manque de conscientisation empêchent ainsi les communautés touarègues de bénéficier pleinement des mesures d'ouverture du régime, même si elles restent minces, et de la confiance que les autorités libyennes ont placée en elles.

A la lumière des conclusions de ce rapport, le Groupe de travail de la Commission africaine sur les populations/communautés autochtones fait les recommandations suivantes :

1. Encourage la Libye à ratifier la Convention 169 de l'OIT sur les droits des peuples autochtones ;
2. Exhorte la Libye à accorder les droits culturels et politiques à tous ses citoyens, y compris aux populations autochtones ;
3. Que l'état libyen sensibilise sa population amazighe, dont les Touaregs, à leur droit à préserver leur identité et leur culture, en leur ouvrant la voie des media de masse et en les aidant à former des associations ;
4. Encourage la Libye à montrer davantage d'intérêt pour la culture et la langue amazighes afin de leur permettre de s'épanouir. La Libye doit s'efforcer de promouvoir et de faire connaître le patrimoine culturel, la langue et l'histoire des Imazeghan en Libye ;
5. Exhorte la Libye à reconnaître l'amazigh comme une des langues nationales et officielles et à créer une institution responsable de la promotion de cette langue[3];
6. En appelle au pays à introduire des références à l'histoire et à la culture amazigh dans les manuels scolaires ;
7. Encourage la Libye à prendre des mesures qui permettent aux régions peuplées par les Imazeghan de combler leur retard économique par rapport au reste du pays.
8. Une rencontre du Groupe de travail devrait être organisée dans la région des Imazeghan en Libye (Ghât ou Ifren) en vue de dissiper la peur que ces derniers ressentent, malgré des changements positifs évidents dans leur pays.
9. Que la Libye procède à une large diffusion du rapport du Groupe de travail de la Commission africaine sur les populations/communautés autochtones et de la Charte africaine des droits de l'homme et des peuples.
10. Que la Libye fasse un rapport à la prochaine session de la Commission africaine sur les décisions qu'elle aura prises pour la mise en œuvre des présentes recommandations.

---

3   Comme au Maroc avec l'*Institut royal de la culture Amazighe* (www.ircam.ma)

Ce rapport est divisé en 5 sections, précédées d'un résumé exécutif et suivies de conclusions et recommandations. La première section présente un aperçu général de la Libye, la seconde décrit les différentes rencontres que la mission a effectuées en Libye, la troisième donne des informations sur les populations autochtones en Libye. La quatrième section traite de quelques questions thématiques-clé, à savoir la reconnaissance constitutionnelle et législative, les droits socio-économiques, les droits au travail, à la santé, le droit d'établir des associations et des syndicats, le droit au logement, le droit à l'éducation, les questions culturelles et linguistiques, les programmes gouvernementaux destinés à améliorer la situation des peuples autochtones et les questions d'égalité entre les sexes. La dernière section décrit la coopération régionale émergente entre les différentes communautés touarègues.

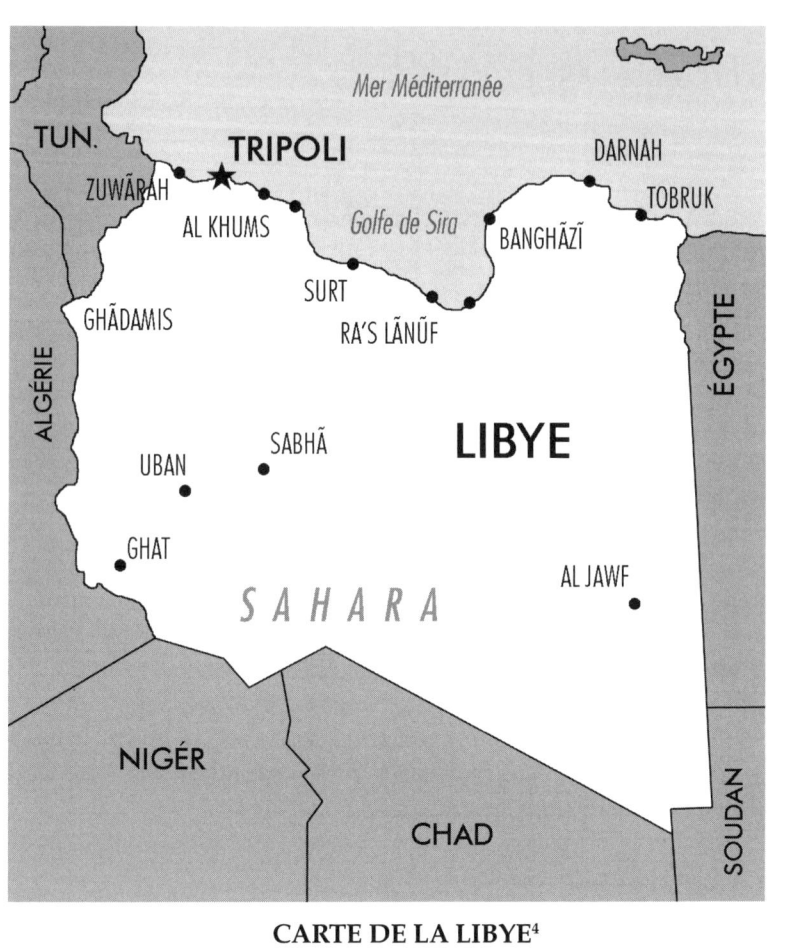

CARTE DE LA LIBYE[4]

I. APERCU GENERAL DE LA LIBYE

La Libye est l'un des pays de l'Afrique du nord. Elle est bordée au nord par la Méditerranée, à l'ouest par la Tunisie et l'Algérie, au sud par le Niger et le Tchad, au sud-est par le Soudan et à l'est par l'Egypte. D'une superficie de 1.759 540 km², elle est peuplée de 5,8 millions d'habitants en majorité arabes, avec une forte minorité amazighe, qui inclut les Touaregs.

Depuis le VIIIème siècle avant J.-C., plusieurs civilisations ont laissé leurs marques dans le pays. Les autochtones Imazeghan[5] ont donc connu divers brassages avec ces civilisations, dans une moindre mesure avec les Grecs, les Romains et les Byzantins et de manière plus poussée avec les Arabes qui ont conquis le pays au VIIème siècle.

En 1911, la Libye est colonisée par l'Italie. En 1951, elle obtint son indépendance après une lutte acharnée menée par les Libyens sous la houlette du célèbre martyr Omar El-Mokhtar. Le Roi Idriss 1er qui a dirigé le pays après l'indépendance est renversé en 1969 par un groupe « d'officiers libres » sous la direction du colonel Kadhafi, alors lieutenant. Depuis 1977, année de la proclamation du « pouvoir du peuple », le pays est dirigé par le «pouvoir des masses» et porte le nouveau nom de Grande jamahiriya arabe libyenne populaire et socialiste.[6]

1.1 Le système de «démocratie directe»

La Libye est gouvernée par la loi de la sharia. Le document de référence pour le système politico-administratif de la Libye est le Livre vert[7] qui constitue le cadre idéologique du système de « démocratie directe ». Le Livre vert a été écrit par le colonel Kadhafi et explique ses vues sur la démocratie et sa philosophie politique. Le livre est divisé en 3 parties :

---

5   Pluriel d'Amazigh
6   Le terme « jamahiriya » a été créé par le colonel Kadhafi et signifie une république gérée par les masses.
7   Pour de plus amples informations, veuillez vous référer à : http://midd.free.fr/livrevert.htm

Le problème de la démocratie: Dans ce chapitre, l'auteur s'efforce de montrer que la démocratie occidentale n'est en fait qu'une dictature déguisée. Pour lui, le parti ou le candidat qui gagne 51% des voix ne représente pas tout le peuple et se comporte pourtant en autocrate. La représentation parlementaire n'est qu'un subterfuge et les partis doivent être bannis car ils représentent les intérêts des classes dominantes. Il propose comme solution à la question du pouvoir l'exercice de la démocratie directe grâce aux congrès et comités populaires où le pouvoir est exercé, sans intermédiaire, par le peuple.

Le problème du socialisme: les moyens de production, la richesse et les armes doivent être, selon l'auteur, aux mains du peuple, sinon on court le risque que le parti qui les détient domine ceux qui ne les détiennent pas.

Les fondements sociaux: La famille, la tribu et la nation sont les fondements de base de la société.

1.2   La structure politique

An niveau de chaque village ou quartier, l'ensemble des citoyens sont inscrits dans un congrès populaire local, dans chacun des 1 500 districts urbains. Chaque congrès populaire local élit son représentant et ses secrétaires. Au niveau des 32 Sha'biyat (municipalités), les différents congrès populaires locaux envoient des représentants, proportionnellement à leur nombre, pour former le congrès populaire au niveau de la commune qui, à son tour, élit un comité populaire en guise d'exécutif.

Au niveau national, un congrès général est institué et fait office de Parlement. Il est composé de représentants des congrès populaires de base, des congrès des communes et des syndicats. Il élit en son sein des comités spécialisés dont chacun a un secrétaire qui fait office de ministre et le comité général du peuple qui fait office de gouvernement et qui est aussi dirigé par un secrétaire qui fait office de premier ministre.

Il existe aussi une autre structure appelée la « Direction des commandements populaires[8] » et qui réunit les tribus et autorités traditionnelles en une structure parallèle à celles des congrès populaires ; Les congrès

---

8   Qui pourrait être assimilée, toutes proportions gardées, à un ombudsman.

populaires se trouvent aux niveaux national et municipal et à chacun de ces niveaux, il existe un représentant de la structure correspondante des commandements populaires.

En ce qui concerne la prise de décision, les congrès de base prennent des décisions pour les matières relevant de leurs compétences et confient aux comités populaires leur mise en œuvre. Ils peuvent aussi faire des propositions pour les domaines relevant du congrès général du peuple. Les lois sont votées par le congrès général du peuple. Quant aux règlements ils sont pris par le comité général du peuple qui fait office de gouvernement. Les secrétaires des comités techniques au niveau national, c'est-à-dire les ministres, passent des arrêtés dans leurs domaines de compétence.

Depuis le coup d'état qui l'a porté au pouvoir en septembre 1969, le colonel Kadhafi est en réalité le chef de l'état. Cependant il n'utilise pas ce titre pour se nommer et se réserve celui de « guide ».

II. RENCONTRES EFFECTUEES

2.1 Rencontre avec les délégations touarègues du Mali

La première rencontre s'est tenue avec une délégation touarègue malienne invitée par les autorités libyennes. Il s'agissait du député Bey Ag Hamdi de Tessalit (nord du Mali) et de trois autres personnes l'accompagnant. Il a été question de la nouvelle dynamique issue des relations inter-Touaregs, plus largement, des relations transfrontalières grâce à l'action bienveillante du colonel Kadhafi, de la nouvelle approche de la CADHP quant à la protection des droits des populations autochtones et enfin de la visite de recherche et d'information en Libye.

La deuxième rencontre a eu lieu avec une autre délégation de Touaregs maliens conduite par Mohamed ag Intalla, député à l'Assemblée nationale du Mali, élu à Tin-Essako au nord du Mali. Il était accompagné de Khadija, responsable de la coordination des femmes touarègues libyennes et maliennes et de Bajan Ag Hamato, député touarègue à l'Assemblée nationale du Mali. La mission a discuté de la situation des Touaregs au Mali et en Libye, ainsi que du nouveau dynamisme facilité par le colonel Kadhafi. Tous ont constaté que l'établissement de rapports inter-Touaregs à travers le Sahara, du Mali à la Libye, était une bonne chose car il permettrait aux Touaregs de se réapproprier leur espace vital. La délégation a été informée du travail accompli par le Groupe de travail ainsi que des objectifs de la visite en Libye.

Finalement la mission a rencontré deux délégations touarègues ; l'une du Mali, conduite par le député Mohamed ag Intalla et l'autre du Niger, conduite par Rhissa Boula, ex-ministre du tourisme. M. Moussa Alkouni était également présent, chargé des affaires touarègues en Libye. La mission a expliqué le processus initié par la Commission africaine, au nom des populations autochtones, ainsi que les termes de référence de la visite en Libye. Enthousiaste, M. Alkouni a réitéré son soutien à la mission et a affirmé sa volonté d'apporter tout son concours à la mission durant la visite.

2.2 Rencontre avec les autorités et le Bureau d'études et de recherche sur les affaires sahariennes

La mission a eu une réunion privée avec M. Moussa Alkouni, un Touareg de la tribu libyenne Imanghassatan, désigné par le Gouvernement libyen pour gérer les affaires touarègues. La mission a discuté de la nouvelle politique libyenne visant à établir des contacts et des liens entre les Touaregs, ainsi que des programmes de développement que la Libye venait juste d'accepter de financer exclusivement pour les Touaregs du Mali et du Niger. La discussion a également porté sur le travail de la CADHP et la visite en Libye. M. Alkouni a expliqué que les autorités libyennes avaient l'intention de désigner une institution pour examiner la question des peuples autochtones.

La mission a également rencontré le Docteur Mohamed Said Alguichat, secrétaire du *Bureau d'études et de recherches sur les affaires sahariennes*. M. Alguichat, ancien ambassadeur en Arabie Saoudite, n'est pas lui-même Touareg, mais a publié sur les Touaregs et a été en charge de la gestion de l'afflux des Touaregs en Libye en 1980. Après un échange fructueux concernant la visite, il a donné des conseils utiles ainsi qu'une recommandation demandant aux autorités locales de faciliter la visite.

2.3 Rencontres avec les représentants autochtones

La première rencontre avec les populations touarègues libyennes a eu lieu à Cambo Tiouri, un bidonville de Sebha. Les populations ont émis beaucoup de doléances particulièrement concernant l'habitat. Elles se sont déclarées satisfaites des conditions de vie en général à l'exception du logement. Elles ont également demandé à avoir le rapport en arabe car peu d'entre eux lisent l'anglais.

A Ubari, la mission a rencontré le secrétaire du comité populaire, ainsi que des membres du comité, M. Bawa Abeid Azzintani (gouverneur), ainsi que le secrétaire général du congrès populaire (député). Après un échange fructueux sur la visite, le comité a apporté beaucoup d'informations sur les droits des tribus touarègues autochtones d'Ubari.

La mission a aussi tenu deux réunions : l'une, avec les chefs des tribus d'Ubari, notamment le grand Amenokal (c'est-à-dire le chef suprême) Moulaye al Kamari, et les chefs des tribus Imanghassatan et Ihaggaran, Abdelkrim Mohamed saleh Assoki et Hussein Maniou Mostapha, accompagnés d'un large entourage, et l'autre, avec les chefs des tribus touarègues revenant du Sahara malien, auxquels la Libye venait de donner collectivement la nationalité d'origine. Il s'agissait, entre autres, de Khibbida Mohamed Bouka Oumar, chef des Ifoghas, Bachir Souleyman et Alhousseyni ag Boujakkat, chefs de la tribu Kel-Essouk, Khamminna ag Mossa, chef de la tribu Kel Taghlit, Ahmed Assouki, chef de la tribu Chaman Ammas et de Bilal Ahmed, Oumar Kabba. Au cours de ces deux rencontres, il a été surtout question du travail de la Commission africaine à l'endroit des populations autochtones et des problèmes qu'elles rencontrent en Libye. Il faut noter que les autorités libyennes n'ont pas assisté à ces rencontres.

Lors de toutes ces rencontres, la mission a expliqué comment fonctionne la Commission africaine et son Groupe de travail et remis quelques rapports du Groupe de travail sur les populations/communautés autochtones. La mission a aussi expliqué le concept de populations autochtones et les droits qui s'y attachent. La mission a dû, au cours de toutes ces rencontres, s'excuser de ne pas avoir de copies du rapport du Groupe de travail de la Commission africaine des droits de l'homme et des peuples en arabe. Promesse a été faite que dès qu'il serait disponible, il leur serait envoyé.

III. INFORMATIONS SUR LES POPULATIONS AUTOCHTONES EN LIBYE

La Libye compte une forte minorité amazighe[9] qui représente environ 10%[10] de la population totale qui est de 5,8 millions d'habitants. Il faut cependant mentionner qu'il n'y a pas eu de recensement officiel de la population amazighe libyenne, ce qui rend difficile le décompte exact de son nombre. Le terme « amazigh » est le terme général utilisé pour les peuples autochtones d'Afrique du nord qui ont en commun des pratiques culturelles, politiques et économiques. Le terme « berbère » est également fréquemment utilisé, mais il est considéré comme péjoratif par une grande partie de la population amazighe. Le terme « berbère » était le nom donné d'abord par les Grecs puis plus tard par les Romains aux habitants de l'Afrique du nord, alors que le terme « amazigh » est le nom par lequel se désignent eux-mêmes ces peuples autochtones, il signifie « homme libre ».

Les Touaregs font partie des peuples Imazeghan qui vivent dans le Sahara entre le Mali, le Niger, le Burkina Faso, l'Algérie et la Libye. Leur langue est le tamachek. Ce sont initialement les Arabes qui leur ont donné ce nom, et plus tard les Européens. Les Touaregs de l'Adhagh dans le nord du Mali se désignent également eux-mêmes sous le nom de « Kel Tamachek », tandis que ceux du nord-est Mali et du Niger se désignent comme « Imageghan ». Les Touaregs qui habitent en Algérie et en Libye s'appellent aussi « Imouhagh ».

En Libye, les Touaregs, qu'on estime à 60 000, n'ont jamais fait l'objet d'un recensement spécifique. Ils sont repartis entre les tribus suivantes: Imanghassatan, Iwraghan, Imanan, Ibattanatan, Imaqerghissan, Ihaggaran, Kel-Oulli, Ifilalen, Ilamtayen, Iwarzatan, Kel-Essouk, Ifoghas, Imghad, Idnan, Chamanammas, Kel-intassar, Imouchar, Iraganatan, Taghat Mallat, Kel Tinalkom.

---

9   Il existe aussi une population toubou minoritaire qui ne s'est pas déclarée autochtone et sur laquelle nous n'avons que peu d'informations

10   Voir www.ajam6.persianblog.com

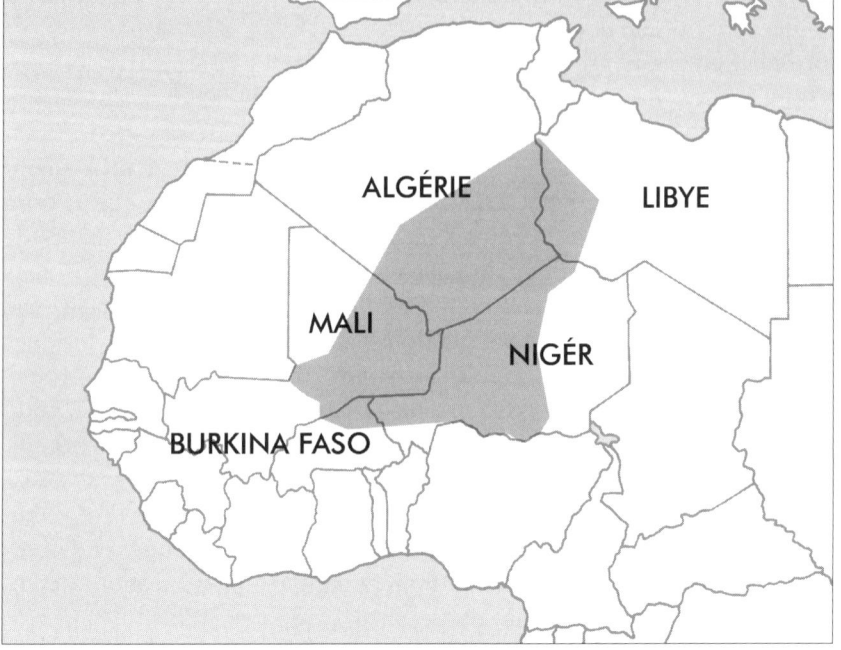

Principales régions d'habitation des Touaregs[11]

Les Touaregs sont traditionnellement des Bédouins ; les tâches ménagè-res sont partagées entre l'homme et la femme. Cette dernière s'occupe du transport de l'eau et des petits ruminants. Quant à l'homme, il s'occupe des dromadaires et du commerce. La principale activité commerciale des Touaregs consiste en l'échange de la viande, du gibier, des dromadaires et du sel contre les dattes, les vêtements, le thé, le sucre et la nourriture. Le mode de vie nomade des Touaregs est tributaire de la pluie et des terres de pâturage pour leurs dromadaires. Ils utilisent leurs dromadaires com-me moyen de transport mais aussi pour le lait et la viande qu'ils leur fournissent. Cependant, en Libye, ce mode de vie traditionnel appartient au passé. En effet, la révolution du colonel Kadhafi de 1969, les a, entre autres, encouragés à adopter un mode de vie sédentaire ; ce qui fait que beaucoup ont abandonné leur existence nomade traditionnelle pour se

11　http://en.wikipedia.org/wiki/Tuareg

sédentariser dans les villes du sud et de l'ouest de la Libye, notamment Sebha, Ubari, Ghât et Ghadamès.

Bien que vivant en ville, la majorité des Touaregs possède encore des troupeaux de dromadaires conduits par des bergers dans le Sahara. D'après certains avec qui la mission a discuté à Ghât, cette situation est surtout due au bond qualitatif de leur vie dans les années 70 et au début des années 80, quand l'état leur fournissait à peu près tout. La majorité des personnes, avec qui l'équipe a discuté, ont salué «la bienveillance de la Libye des masses à leur égard» mais certains se posent tout de même la question de savoir si tout cela n'était pas fait à dessein. La mission a eu le sentiment que les gens avaient peur d'émettre ouvertement des critiques car, en dehors des débats publics, certains ont confié avec amertume: « Nous espérons recouvrer ce que nous avons perdu: notre identité, notre culture et surtout nous débarrasser de cette peur que nous inspire l'arabo-islamisme ». Vu l'hégémonie des tenants de cette idéologie arabo-islamiste extrémiste, seule une poursuite de la politique actuelle d'ouverture[12] du colonel Kadhafi pourrait sauver les Imazeghan en général et les Touaregs en particulier d'une assimilation dont la préparation a commencé depuis l'indépendance du pays.

3.1   Evolution des questions concernant les populations autochtones (Touareg/Amazigh) en Libye

La question amazighe s'est posée depuis le début de la seconde moitié du siècle dernier, notamment sous les deux régimes qui se sont succédés au pouvoir, celui du Roi Idris Ier et, par la suite, celui du colonel Kadhafi.

Même si des revendications dans ce sens n'ont été enregistrées que récemment, le sentiment d'exclusion et de marginalisation s'est fait sentir chez les Imazeghan de Libye depuis l'indépendance, à cause surtout des programmes de l'enseignement fondamental qui ne tiennent pas compte de l'histoire et de la culture des Imazighen et de leur présence sur le territoire avant la conquête islamique, de l'attitude négative des média de masse officiels et de la limitation des décisions politiques aux seuls

---

12 Des signes évidents d'une volonté d'ouverture apparaissent dans les différents discours de Kadhafi. Cependant l'ancienne garde tenant aux slogans de l'arabisme intégral niant l'existence de toute autre ethnie est encore très active, selon des citoyens rencontrés par la mission à Ubari.

congrès et comités populaires officiels (qui incluent les Imazighen en tant que partie intégrante du peuple arabe).

Sous la monarchie (1951-1969)

Sous la monarchie de 1951 à 1969, la marginalisation des populations amazighes dans les domaines de l'éducation et de l'information était évidente. La ferveur du nationalisme arabe importé de l'Egypte nassérienne a vite déteint sur les programmes scolaires ignorant tout simplement l'existence d'une culture et d'un peuple autre qu'arabe. En effet, le royaume libyen s'en était complètement remis à l'Egypte pour la fourniture de livres scolaires. Pour illustration de ce rôle dans l'imposition de l'identité et de l'idéologie arabes au détriment de celles des Imazighan, il suffit de se référer aux manuels de cette époque, notamment le livre de lecture de la 7e année fondamentale qui dit que:

> *«Nous avons tenu à ce que ce manuel comporte tous les éléments qui feront que l'élève pensera qu'une âme nouvelle vient de se saisir de son corps et créera en lui un sentiment de fierté de la langue arabe et de la nation arabe[13]».*

Dans un autre chapitre, le même livre renchérit:

> *«Si ton pays et ton état sont ceux dans lesquels tu vis, ta nation est par contre la nation arabe et tu es toi-même avant tout arabe, appartenant à cette oumah arabe s'étendant de l'océan au Golfe».*

Malgré la méconnaissance de la culture et de la langue amazighe que les media de masse n'ont pas davantage contribué à faire connaître, des personnalités Imazeghan ont occupé des postes politiques importants sous la monarchie, tels que celui de premier ministre, de ministres et de membres du Parlement. Il faut cependant noter que les Imazighan désignés à ces fonctions politiques ne l'ont pas été en tant que représentants de la population amazighe.

---

13 *Aljazeera net*, bulletin décembre 4, 2005.

Sous « la Grande Jamahiriya arabe libyenne populaire et socialiste (la République des masses populaires » (1969 à aujourd'hui)

Dès le coup d'état de 1969, la nouvelle équipe dirigeante d'»officiers libres» de Libye conduite par le colonel Kadhafi et idéologiquement influencée par Nasser a adopté l'arabo-socialisme comme idéologie d'état. Pour elle, il n'existe en Libye qu'un seul peuple, le peuple arabe, partie intégrante de la nation arabe. Les Imazighan, selon cette théorie, seraient des Arabes ayant émigrés par vagues successives du Yémen et de l'Arabie et la langue amazighe ne serait que de l'arabe ancien préislamique dont la sauvegarde n'aurait aucun intérêt. Cette position nous a été transmise officieusement par M. Moussa Alkouni, consul de Libye à Kidal au nord Mali. Elle est confirmée par les extraits ci-après:

> *«Les Touaregs sont des tribus arabes libyennes et la Libye est leur pays d'origine. Ces tribus sont venues il y a plus de 5000 ans de la péninsule arabique. Elles sont soit des Himyarites du Yémen soit des Phéniciens du Liban, alors, je les appelle à regagner leur pays d'origine»*[14].

Ce point de vue est aussi soutenu par des intellectuels libyens tels que le Docteur Said Alguichat, dont la thèse de doctorat intitulée: *«Les Touaregs, Arabes du Désert»*, disait: *« Il ne fait aucun doute que les Touaregs sont des tribus arabes ayant émigrées par trois voies successives. La première avec la rupture de la digue de Ma'arib au Yémen et la deuxième avec les conquêtes musulmanes de l'Afrique tandis que la troisième date des invasions des Beni Hilal au XIème siècle sous les Fatimides».* Le Dr Ahmed Mohamed Alasbahi[15] va plus loin en disant: *«Les Imazeghan ou la question amazighe n'est autre chose qu'une tentative de l'Occident colonialiste d'exercer une fois encore sa domination en falsifiant l'Histoire et en jouant avec les consciences. Les Imazighan et les Arabes constituent ensemble la nation arabe»*[16]. Pour le Dr Ali Akhchim, académicien libyen très connu : *«Il n'existe point de question amazighe en Libye. Les*

---

14   Conférence de presse du colonel Kadhafi le 9 septembre 1990 à Janet en Algérie, à l'issue de la rencontre quadripartite avec les présidents algérien, malien et nigérien, concernant le conflit touareg au Mali et au Niger, rapportée par le journal des masses du 14 septembre 1990.

15   Secrétaire général adjoint du Congrès général du peuple (vice-président du Parlement), conférence tenue au Centre international des études et de recherche du Livre vert, le 02 août 2004. Publiée par: almethaq.net.yet.

16   La traduction est de nous-même.

Imazeghan sont d'anciens Arabes et l'Amazigh n'est parlé par personne dans notre pays»[17].

Cette position de négation et le manque de liberté d'expression et d'association en dehors des rouages officiels, a eu pour effet la naissance d'associations, surtout à l'extérieur, pour défendre la culture amazighe, dont voici quelques exemples: Association culturelle Tawalt, Libyan Tamazight Congress (www.alt-libya.org), Tawiza (www.tawiza.net), Tamazgha (www.tamazgha.fr)[18], le Mouvement culturel berbère et le Congrès mondial amazigh.

Sous la République des masses, comme on le voit, la situation s'était au début empirée puisque la revendication de l'existence d'un peuple amazigh comme peuple distinct était assimilée à une trahison et à une conspiration avec le colonisateur. Cette diabolisation est illustrée par divers propos dont celui de M. Ali Hassanein, ex-ministre, qui affirmait: *«il n'y a jamais eu de problème entre les Imazighen et les Arabes et la question amazighe est une invention de l'orientalisme italien qui a créé à Zouara un institut d'évangélisation et écrit un livre sur les Amazigh...»*[19]. En août 1997, le Colonel Kadhafi a dit: *«Les Imazighan qui revendiquent leur langue sont des suppôts du colonialisme qu'il faut combattre»*[20]. Cette déclaration, à elle seule, suffit à dissuader toute velléité revendicative ou la création d'associations culturelles amazighes, ce qui explique peut-être le manque de ce genre d'association dans le pays.

---

17   *Des avis sur la question amazigh en Libye*, 15 juillet 2005
18   Tamazgha concerne toute l'Afrique du Nord
19   Almanara, chaine TV par satellite (*Aljazeera net* du 15 juillet 2005). La traduction est de nous-même.
20   Le journal "Almaarifah", dans *Aljazeera net* du 27 novembre 2005

IV. APERÇU DE LA SITUATION DES DROITS DES POPULATIONS AUTOCHTONES EN LIBYE

4.1 Reconnaissance constitutionnelle et législative

Il n'existe aucun texte législatif qui reconnaisse, expressément, l'existence d'un peuple amazigh autochtone distinct du peuple arabe de Libye. Deux textes cependant méritent considération:

1. L'un est un discours officiel et historique du colonel Kadhafi, prononcé le 15 octobre 1980, devant les populations d'Ubari dans lequel il appelait toutes les tribus touarègues vivant au Mali et au Niger à regagner leur «mère-patrie, la Libye». Il demandait aux tribus touarègues d'Ubari de «*se saisir de leurs terres et de leur avenir ainsi que des armes pour leur autoprotection*»[21].

2. L'autre est l'article 16 de «la Grande charte verte des droits de l'homme à l'ère de la Jamahiriya». Ce document de base à valeur constitutionnelle reconnaît aux minorités «*le droit de préserver leur identité et leur patrimoine culturel*» et interdit «*toute atteinte à leurs aspirations légitimes ainsi que tout recours à la force visant à les assimiler ou à les fondre dans d'autres communautés différentes*».

Malgré une reconnaissance implicite des Imazighan, même timide, ceux-ci ne sont pas reconnus au niveau de la constitution comme peuple. Ils sont considérés sur le même pied d'égalité que le reste de la population : pas de discrimination ni positive ni négative. Ils jouissent de tous les droits qu'a le citoyen libyen. Bien qu'il ne semble pas y avoir de discrimination basée sur l'appartenance ethnique, sauf en ce qui concerne la langue et la culture, la Libye viole cependant l'article 18 de la Charte africaine des droits de l'homme et des peuples du fait qu'elle ne reconnaît pas ses peuples autochtones.

---

21   La traduction est de nous.

Environ 95% de la population libyenne est arabophone ; il n'y a donc pas de quoi s'alarmer quand on parle de «peuple arabophone libyen», pourvu que des gardes-fous soient dressés pour la protection des peuples autochtones, notamment les Imazighan. C'est-là que le problème se pose car il y a un grand fossé entre ces textes et la réalité, surtout sur le plan du droit d'association et des droits culturels et linguistiques de la population amazighe. D'ailleurs même les Touaregs, pourtant proches du régime, n'échappent pas à cette discrimination, aussi bien *de facto* que *de jure*. Nous reviendrons plus tard sur ce point dans le rapport.

4.2   Droit à la représentation politique

Malgré le manque de reconnaissance constitutionnelle des Imazighan, il faut noter leur présence dans les instances dirigeantes telles que les congrès et les comités populaires, en plus de l'armée[22]. En guise d'illustration, voici quelques exemples :

- Le chef de la zone militaire de Sebha[23] est Touareg ; il s'agit du général Ali Kanna, de la tribu des Imanghassatan.
- A Ubari, le chef du gouvernement, Bawa Abeid Azzintani, secrétaire du comité populaire est un Touareg de la tribu de Kel Tinalkom. Le député de cette région est aussi Touareg, de même que la majorité des membres du comité populaire régional (le gouvernement local).
- M. Houssein Alkouni de la tribu touarègue de Kel Tinalkom est aujourd'hui secrétaire du comité populaire (c'est-à-dire gouverneur) de Ghât après avoir été, 18 ans durant, ambassadeur de la Libye au Niger.
- La sécurité est aussi dirigée par des officiers Touaregs dont le chef est le commandant Waqui, de la tribu des Iraganatan.
- Le délégué général pour les relations inter-Touaregs est Moussa Al Kouni, chargé par le colonel Kadhafi lui-même de dynamiser les rapports entre les Touaregs à travers le Sahara pour qu'ils se développent, tout en conservant leurs structures tribales.

---

22   Comme les Imazighan ne sont pas reconnus comme distincts du peuple arabe, il n'y a pas de statistiques sur leur représentation au niveau national et local.
23   Situé dans la région sud de la Libye.

Le niveau de participation des Touaregs à l'administration politique montre qu'ils jouissent du même droit de représentation que les autres citoyens. Cependant, l'impossibilité de s'exprimer dans leur langue dans les institutions de l'état demeure une forme de discrimination et les met en situation de faiblesse vis-à-vis des Arabes. Il s'agit donc d'une forme de domination, et à long terme d'assimilation, en contradiction avec la Charte africaine des droits de l'hommes et des peuples, notamment l'article 2 sur l'interdiction de la discrimination - dont la discrimination basée sur la langue - l'article 13 sur la participation aux affaires publiques, l'article 19 sur l'égalité des peuples et les articles 20 et 22 en ce qui concerne le droit à déterminer librement leur propre type de développement.

4.3 Droits socio-économiques

Les droits socio-économiques sont assurés aux Touaregs jusqu'à un certain point. Cependant, il y a lieu de relever le retard du Fezzan, dans la région désertique du sud-ouest, par rapport au reste de la Libye. A titre d'exemple, dans les zones d'Ubari et de Ghât, où le pétrole coule à flot, il n'y a pas de gaz. De plus, le réseau routier et de télécommunications dans ces contrées ne répond pas, aux dires de la population, à leurs besoins, dans un pays aussi riche que la Libye. Il faut aussi noter que le pastoralisme, mode de vie des Touaregs a presque disparu sans que la vie sédentaire n'ait été réellement assimilée par ces derniers. Il est vrai que le choix est aussi celui de certains Touaregs qui ont préféré, notamment durant les années fastes de la révolution, la vie sédentaire urbaine plus facile à celle du Sahara.

Dans l'ensemble, les régions très riches en pétrole où habitent la majorité des Imazighan sont les moins développées du pays. Et pourtant, les congrès populaires de base constitués pour la majorité de Touaregs, à Ubari et à Ghât, sont consultés sur le budget. Cette situation est donc peut-être à mettre sur le compte du manque d'information des Imazighan ou peut-être sur leur peur à s'exprimer. L'état devrait pallier à cette carence pour ne pas entrer en contradiction avec la Charte africaine des droits de l'homme et des peuples, notamment l'article 9 sur le droit à l'information et à l'expression, l'article 19 sur l'égalité des peuples, l'arti-

cle 20 sur le choix du type de développement socio-économique et l'article 21 sur l'exploitation des ressources dans l'intérêt exclusif des peuples.

4.4   Droit au travail

L'article 11 de la Grande charte verte pour les droits humains à l'ère de la Jamahiriya dispose: «*La société des masses garantit le travail qui est à la fois un devoir et un droit de toute personne et chacun a le droit de choisir le travail qui lui convient*»[24]. Dans la pratique, beaucoup de Libyens travaillent effective-ment, mais leurs salaires nets sont très bas en comparaison avec certains pays africains, moins nantis. A titre d'exemple, un enseignant du secon-daire touche environ 180 dollars américains par mois, soit un peu moins que son homologue ivoirien. Pour un pays riche comme la Libye, cela est difficile à comprendre, même s'il est vrai que la gratuité des soins de santé et du logement en Libye fait une différence. Cette disposition a été effecti-vement mise en œuvre en Libye et n'a été interrompue que par l'embar-go[25].

Le chômage touchait en 2003/2004 environ 30% de la population ac-tive[26]. Ce taux à lui seul révèle un disfonctionnement structurel quand plus de 1,5 million d'étrangers travaillent en Libye. Les Imazighan étant marginalisés de par l'ostracisme qui frappe leur culture en souffrent beaucoup plus que la majorité arabophone. Ce chômage est dû, selon les experts, au refus des jeunes de travailler autre part que dans l'administra-tion. De plus, il semble qu'ils ne sont pas compétitifs sur le marché du travail en raison de leur manque de spécialisation, lui-même dû à l'inadé-quation formation/emploi. Pour remédier à cette situation, la Libye vient de créer (16 avril 2005) un Fond national pour l'emploi dont l'objectif est de créer des opportunités de travail au profit des demandeurs d'emploi tels les diplômés récents des universités et des instituts professionnels.

Malgré ce taux élevé de chômage, les Touaregs, selon les personnes interviewées, sont traités de la même manière que les autres citoyens[27]. Cependant, quand la langue d'accès au travail est la langue de l'autre,

---

24   La traduction est de nous-même.
25   Le pays était sous embargo de 1992-1999
26   Comme l'a déclaré Choukri Ghanem, premier ministre libyen, sur : www.Nidaly.org, dans Alahram Hebdo, 20 juillet 2005, Rue Algaala- Le Caire- Egypte.
27   Il y a un certain unanimisme étonnant des populations interrogées qui est peut-être la conséquence de la peur suscitée par la criminalisation des revendications amazighes.

l'égalité des chances n'est pas assurée, ce qui met les Imazighan, en général, et les Touaregs en particulier, en situation de faiblesse face aux Arabes. D'où une discrimination en contradiction avec les articles relatifs à l'égalité de la Grande charte verte pour les droits humains à l'ère de la Jamahiriya et l'article 15 sur l'égalité devant le travail.

4.5   Droit à la santé

L'article 14 de la Grande charte verte pour les droits humains à l'ère de la Jamahiriya dispose :«*la société des masses est solidaire, car elle garantit à ses membres un niveau de soins de santé moderne et elle assure la prise en charge de la mère et de l'enfant ainsi que la protection des personnes âgées et handicapées*».

L'évolution au niveau sanitaire est plutôt fulgurante. En 1969, il n'y avait qu'un dispensaire à Ubari, or aujourd'hui, on y dénombre un grand hôpital de 120 lits, 3 grands centres sanitaires, 28 dispensaires (un par village). Il faut cependant noter que l'embargo a beaucoup affecté les infrastructures sanitaires et que le niveau de qualification ne répondrait pas, selon certains citoyens, au standing d'un pays riche comme la Libye. Cette situation s'appliquerait à toute la Libye. En effet, une étude du Centre des études et de recherche scientifiques de l'Université Alfatah de Tripoli note que l'espérance de vie est passée de 46 ans dans les années 60 à 70 ans à la fin des années 90, que le taux de mortalité a baissé de 118 pour 1000 en 1973 à 24,4 en 1995[28]. Le pays disposait en 2002 de 7100 médecins et de 23000 infirmières ainsi que de 4,4 lits pour 1000 habitants. Toutefois la Libye continue à dépendre à 90% de l'extérieur en ce qui concerne la médecine spécialisée.

Etant donné la négation de l'identité amazighe, il est difficile de savoir quelle est la part des Imazighan dans ces statistiques. Il y a lieu aussi de mentionner que les hôpitaux de pointe sont concentrés sur la côte et que le désert en est peu nanti, bien que la Libye ait réalisé un formidable bond en avant en matière d'accès gratuit aux soins pour sa population. C'est pourquoi, la question du respect de l'égalité d'accès aux services publics mentionné dans l'article 13(3) et l'article 16 de la Charte africaine des droits de l'homme et des peuples se pose, d'autant plus que la négation

---

28   Dr Ali Alhawat, in Développement humain en Libye, Université de Tripoli, 2002.

de la langue amazighe crée un déséquilibre face à tous les services publics.

4.6 Droit de créer des associations et des syndicats

La Grande charte verte pour les droits humains à l'ère de la Jamahiriya, en son article 16, dispose que « *les fils de la société des masses sont libres de créer des associations, des syndicats et d'établir toute relation pour défendre leurs intérêts professionnels*»[29].

Des associations syndicales existent à travers le pays Touareg, à Ubari notamment. Elles expriment leurs points de vue et doléances au sein des congrès populaires de base où une synthèse est faite avant soumission aux niveaux régional et national. Cependant, la mission n'a pas vu d'association de droits de l'homme, mis à part celle dirigée par Seif Alislam, fils du colonel Kadhafi. La quasi totalité des Libyens, à qui l'équipe a posé la question de savoir pourquoi il n'y avait pas d'association de droits de l'homme dans leur pays, a répondu que c'était parce qu'il n'en avait pas de besoin. Leur opinion étant que le pouvoir étant aux mains du peuple, personne n'attaque ces droits et que par ailleurs, il existe déjà une association publique des droits de l'homme.

Il y a aussi lieu de constater que, dans ce pays, toute organisation reconnue est affiliée aux congrès populaires[30]. Bien que le débat soit libre et ouvert à l'intérieur de ces congrès et comités populaires, il est impossible en dehors de ces structures. Ceci représente clairement une violation de la liberté d'association et une méconnaissance de l'article 10 de la Charte africaine des droits de l'homme et des peuples.

4.7 Droit au logement

Le Livre vert, la doctrine officielle du gouvernement libyen, proclame, à travers les rues de toutes les villes libyennes: «La maison appartient à celui qui y habite». La Grande charte verte des droits humains à l'ère de la Jamahiriya précise également en son article 12 : « *les fils de la société des masses sont libérés du système féodal et chacun d'eux a droit à l'usufruit sur la*

---

29 La traduction est de nous
30 Les organisations de base dans la pyramide politique libyenne sont composées de citoyens d'un même quartier ou d'une même entreprise.

terre en la travaillant, en la cultivant, en y faisant paître ses animaux toute sa vie et celle de ses héritiers jusqu'à satisfaction de leurs besoins».

Chaque Libyen a droit à un terrain et à un prêt sans intérêt pour y construire. A Ubari, M. Bawa Abeid Azzintani, gouverneur Touareg, a fourni les statistiques suivantes sur sa ville de 75 645 habitants, en majorité Touareg :

L'Etat a construit des maisons avec un champ et un tracteur pour chaque chef de famille, dans les différentes zones d'Ubari.

En 1975, le colonel Kadhafi a inauguré des projets agricoles dans une zone qui était connue comme «la vallée de la mort»[31], dans la région d'Ubari. Les familles touarègues de cette vallée ont bénéficié, chacune, de 10 hectares, d'une maison, d'un tracteur et de 10 têtes de bovins et de caprins.

Des logements ont aussi été construits pour les populations comme suit : 37 à Al-abiad, 300 à Al-hamra, 23 à Qbiya, 43 à Algraya. Des terres agricoles ont été distribuées à Ubari comme suit : 1500 hectares à Dissa, 300 à Fejij, 650 à Algraya et 300 à Qbuya. Cela semble être suffisant comme moyens de subsistance pour les bénéficiaires.

Il faut, cependant, faire remarquer qu'il existe deux quartiers qui font exception à cet effort, l'un à Sebha appelé: « Cambo Tiouri» et l'autre à Ubari, « In Tlaquin», qui, en tamachek, veut dire « taudis en banco ». Ces deux bidonvilles sont l'expression même de la désolation et du manque d'hygiène, surtout à Sebha. Les populations ont admis avoir quitté le désert pour rejoindre ces deux villes, attirées par les promesses de villes modernes qui leur aurait été faites par les responsables politiques et qui tardent toujours à se matérialiser. Elles vivent dans l'espoir que les prêts promis par l'Etat pour les sortir de leurs taudis, dont les conditions d'hygiène laissent à désirer, leur seront accordés. A Ubari, la situation est meilleure ; le secrétaire du comité populaire a informé la mission sur le programme prévu pour ces populations, à savoir l'octroi de terrain d'habitation et de prêts à long terme sans intérêt pour construire. Les chefs des tribus que la mission a rencontrés séparément ont confirmé l'existence de ce projet. Il faut préciser que la mission a constaté aussi bien les réalisations qui ont déjà été faites que les taudis susmentionnés.

---

31   La zone « vallée de la mort » rebaptisée « vallée de la vie » se rapporte à un certain nombre de projets agricoles ininterrompus sur une distance de 165 Km entre Sebha et Ubari.

4.8 Droit à l'éducation

L'article 15 de la Grande charte verte des droits humains à l'ère des masses proclame: «*L'éducation et le savoir sont un droit naturel pour tout individu et toute personne a le droit de choisir, en dehors de toute contrainte, l'enseignement qui lui sied*»[32].

C'est dans ce domaine que l'état libyen a beaucoup fait (en terme quantitatif) avec un effectif à Ubari de 24 228 élèves scolarisés, dont 12 422 filles, pour un total de 4 630 enseignants. Pour se rendre compte de l'avancée effectuée en matière d'éducation, il faut se rappeler qu'en 1969, les 5 *chaabiat* (préfectures) du sud ne comptaient que 15 élèves et qu'un seul lycée existait. Aujourd'hui, rien que dans l'une de ces 5 préfectures, en l'occurrence Ubari, on compte 1800 étudiants répartis entre la Faculté des lettres, un Institut formant des enseignants et un Institut supérieur de santé. Il existe aussi un Institut supérieur de formation professionnelle comptant un effectif de 500 étudiants. Au niveau secondaire, Ubari compte 29 lycées et au primaire, 53 écoles fondamentales et 280 jardins d'enfants. Ce bond quantitatif est reflété au niveau national.

Il faudra cependant remarquer que les programmes d'enseignement ne font aucunement référence aux Imazighan. Cette négation d'une partie de l'histoire de ce peuple contredit l'intérêt que le colonel Kadhafi montre pour les Touaregs et constitue un préjudice moral considérable, en violation des dispositions de la Charte africaine des droits de l'homme et des peuples, notamment son article 3 qui stipule l'égalité de tous. En effet, les Imazighan en général, et les Touaregs en particulier, sont lésés par le système éducatif qui ignore tout simplement leur existence.

4.9 La question culturelle et linguistique

La langue et la culture amazighes en général ont longtemps été marginalisées, en particulier par les média de masse et au sein des programmes officiels d'éducation[33]. Malgré le fait que le colonel Kadhafi ait proclamé en 1981 que la Libye était la mère-patrie de tous les Touaregs, leur culture,

---

32 Notre traduction
33 Les media tendent à présenter les Touaregs de manière folklorique, ce qui est pour l'intérêt particulier des touristes

leur langue et leur écriture (le tifinagh) sont toujours totalement absentes des programmes scolaires et de la télévision.

Alors que la culture et la langue touarègues souffrent dans la pratique d'ostracisme et que les cultures non arabes sont en voie d'assimilation de facto, la Libye protège en théorie les minorités et interdit leur assimilation forcée par le canal de la Grande charte verte des droits humains à l'ère de la Jamahiriya. La Charte dispose en son article 26 : «...*les minorités, en Jamahiriya libyenne, ont le droit à la préservation de leur identité et de leur patrimoine culturel. Il n'est pas permis de réprimer leurs aspirations légitimes ni de recourir à la force pour les assimiler à d'autres groupes ethniques.* »

Quant à la langue, il y a lieu d'évoquer le décret n° 131, dans lequel l'enseignement des langues africaines est ordonné. Ce décret, pris par le secrétaire adjoint aux services, c'est-à-dire le vice-ministre des affaires sociales, dispose:

- Article 1: Conformément aux dispositions du présent décret, les langues africaines (le touareg, le Toubou, le swahili et le peulh) seront enseignées comme matière secondaire dans les institutions d'enseignement fondamental à compter de l'année [correspondant à] 1999 et l'enseignement de ces langues aux élèves doit continuer dans les cycles supérieurs d'enseignement.
- Article 2 : L'Institution nationale d'enseignement scientifique est chargée de préparer les programmes nécessaires à l'enseignement de ces langues.
- Article 3 : Les comités populaires des préfectures sont chargés, chacun dans la limite de ses compétences territoriales, de procéder au recrutement des personnes qualifiées nécessaires pour cet enseignement. Ils sont chargés de procéder à leur enseignement effectif dans les écoles.
- Article 4 : Ce décret entre en vigueur à la date de sa signature et les autorités compétentes sont chargées de l'appliquer.

Les langues touarègue et toubou qui sont, comme l'arabe, des langues de la population libyenne sont présentées en même temps que le swahili et le peulh, langues africaines. L'amalgame entre la langue touarègue et les autres langues africaines indique la relative importance officielle accordée à la langue des peuples autochtones et remet en question l'intention

des autorités libyennes de promouvoir la langue touarègue, promotion qui semble reléguée aux calendes grecques. Cette situation, aux yeux de beaucoup de Libyens, Touaregs et non Touaregs, représente une injustice et l'est effectivement au titre de l'article 2 de la Charte africaine des droits de l'homme et des peuples qui interdit toute ségrégation basée sur la langue, entre autres.

Le décret sur la langue, qui suscite un espoir quant à l'enseignement des langues autochtones minoritaires, n'a pas été suivi d'effets malgré les dispositions, pourtant claires, des articles 2, 3 et 4. Il existe un certain nombre de raisons qui expliquent pourquoi le tamachek n'est pas enseigné en Libye et notamment à Ubari :

Les autorités exécutives et législatives de la préfecture d'Ubari sont toutes deux dirigées par des Touaregs. Il est par conséquent difficile de comprendre pourquoi une décision émanant de si hautes autorités est restée lettre morte. M. Azzintani, chef de l'exécutif régional d'Ubari, à qui la mission a posé la question, soutient que c'est par manque de compétences que cette langue n'est pas encore enseignée.

Les chefs des tribus que la mission a rencontrés, même s'ils se réjouissent de ce décret, ne paraissent pas tellement se préoccuper de le mettre en pratique. Il y a comme un manque de motivation, voire d'intérêt, chez les principaux concernés Il semble, d'après les entretiens que l'équipe a eus avec certains chefs coutumiers, que le principal responsable de cette situation soit les autorités éducatives qui ne sont pas encore au diapason des changements décrétés par les hautes autorités.

Le manque de sensibilisation de la communauté touarègue elle-même y est pour quelque chose car elle aurait dû revendiquer l'application de ce texte qui lui est favorable.

En conséquence de quoi, le décret sur la langue est pratiquement obsolète puisque le tamachek n'est enseigné nulle part en Libye et il semble que personne n'ose le revendiquer.

Il n'y a qu'à regarder la télévision libyenne pour constater que même s'il y est montré beaucoup de manifestations culturelles touarègues organisées, celles-ci sont destinées avant tout aux touristes. Le manque d'une association pour défendre leurs droits culturels, linguistiques et autres est assez embarrassant. M. Alkouni, un Touareg nommé par le colonel Kadhafi aux affaires autochtones, a assuré à l'équipe que rien n'empêchait les gens de constituer ce genre d'association et pour preuve, il a

évoqué l'investissement du colonel Kadhafi lui-même dans la création d'une association tribale pan-Touareg.[34] Cependant, la promotion de la culture et de la langue touarègues s'avère être le dernier des soucis des autorités. La mission a été confortée dans cette opinion par la position officielle qui lui a été transmise par les autorités libyennes à savoir qu'il n'y avait qu'un seul peuple en Libye, le peuple arabe, que ceux qu'on appelle Berbère ou Amazigh sont des Arabes arrivés par vagues successives du Yémen et d'Arabie. Ces autorités ont également fait remarquer que l'Amazigh, en général, et le Touareg en particulier, n'était pas enseigné car il était difficile de traduire des termes scientifiques et techniques de l'arabe en touareg et parce que personne ne revendiquait en Libye la promotion de cette langue.

4.10 Programmes gouvernementaux visant à améliorer la situation de la population autochtone.

Le projet de «la vallée de la mort» rebaptisée en 1975 par le colonel Kadhafi «vallée de la vie» démontre les efforts déployés par l'état au profit des habitants d'Ubari, de Sabha et des Touaregs libyens en général[35]. Plusieurs autres projets réalisés à l'intention des populations d'Ubari doivent également être mentionnés[36]. Le chef de l'exécutif de cette préfecture, entouré de six des chefs des administrations locales, a fourni à la mission, lors de notre rencontre, les informations suivantes : à Ubari, en plus des projets déjà cités, il existe aujourd'hui deux types de projets. L'un concerne les projets de production agricole, répartis en circonscriptions de 50 hectares chacune, soit: le projet de Meknoussa concerne 91 circonscriptions, le projet de Barjuj concerne 61 circonscriptions et le projet d'Irawan concerne 50 circonscriptions. L'autre type concerne des projets de construction à travers lesquels l'état construit des maisons et fournit des champs et des tracteurs en plus de 10 têtes de bétail à des familles. Ces

---

34 Les délégations touarègues maliennes que la mission a rencontrées, dont l'une composée de 25 personnes, s'étaient rendues en pays touarègue libyen pour nouer des contacts avec les Touaregs de Libye. Le colonel Kadhafi venait d'ailleurs d'ouvrir un consulat à Kidal au nord Mali pour des projets de développement en faveur des Touaregs, projets qui ont déjà commencé.

35 Bien que relatifs, étant donné la richesse de la Libye en général et de cette région en particulier, puisque c'est une région riche en pétrole et en gaz.

36 Ces projets ne sont pas spécialement implantés pour les Touaregs, mais pour les Libyens de cette région, la majorité desquels étant supposée être Touareg.

projets sont : le projet d'Addissa qui comprend 1500 hectares, le projet d'Afajij de 300 hectares, le projet d'Al graya de 650 hectares, le projet d'Argueiba de 300 hectares, le projet d'Alabiadh de 200 hectares et le projet d'Alhamra de 300 hectares.

Il faudra aussi noter que, durant les deux dernières années, la Banque agricole d'Ubari a financé des projets aux populations nomades à hauteur de 11.920 dinars libyens dont ont bénéficié 570 familles. Quant à la Banque d'épargne et d'investissements financiers, elle a accordé au cours des deux dernières années des prêts à concurrence de 88,4 millions de dinars libyens dont ont bénéficié 2 210 personnes.

L'impact de ces projets est perceptible chez les bénéficiaires, dont on ne connaît pas le nombre de Touaregs, mais qui, selon le gouverneur Bawa Abeid Azzintani, seraient nombreux. Un des reproches fait par certaines populations concernées est que le projet n'a pas continué assez dans le temps pour concerner tout le monde. Ceci est cependant dû en partie à l'embargo qui a frappé le pays de 1992 à 1999. D'autres se sont également plaints du manque de maintenance et la plupart ont exprimé leur inquiétude après la suppression annoncée du système de subventions agricoles et des produits de première nécessité, d'autant que les salaires sont très bas.

Il faut cependant mentionner que ces programmes de développement ne prennent nullement en considération l'aspect autochtone des Touaregs, ni leur culture ni leur langue. Ils soutiennent au contraire l'arabisation à outrance au détriment de la langue et du mode de vie autochtone touarègue.

4.11 La question de l'égalité entre les sexes

En Libye, l'égalité entre les deux sexes est assurée aussi bien au niveau législatif qu'en pratique. Au niveau de la législation, la Charte verte des droits humains à l'ère des masses dispose en son article 21: « *Les hommes et les femmes de la société des masses sont égaux et la discrimination entre l'homme et la femme, en matière de droits, est une injustice criante et injustifiable. Le ménage est une association entre deux partenaires qui demeurent égaux et aucun des deux n'a le droit d'épouser l'autre ou de divorcer sans consentement mutuel.*

La mère ne peut être privée de ses enfants ni de son domicile[37].» La loi 20 du 1er septembre 1991 sur le renforcement de la liberté garantit à la femme le droit au travail. En effet, son article 28 dispose : *«Les femmes ont droit à un travail qui leur convienne et ne doivent pas être mises dans une position les contraignant à exercer un travail contraire à leur nature*[38]. » Ces deux textes indiquent clairement la position privilégiée accordée aux femmes, surtout quand on la compare à celle de certains pays voisins.

Au niveau pratique, les femmes occupent des postes à tous les niveaux de l'administration civile, militaire, technique et législative. Elles sont générale de l'armée, ministre, députée, préfet, médecin, enseignante etc... D'ailleurs, la garde rapprochée du colonel Kadhafi est constituée en majorité de femmes. A Ubari, en pays touarègue, le nombre de filles scolarisées est plus élevé que celui des garçons (11 806 garçons pour 12 422 filles), ce qui représente un des meilleurs taux de l'Afrique. En outre, la participation des femmes libyennes aux activités socio-économiques est passée de 4% en 1964 à 20% en 1995 ; elles occupent 47% des emplois dans le secteur de la santé. Quant à l'analphabétisme des femmes, il a chuté de 87% en 1964 à 27% en 1995.

Au plan politique, les femmes représentent 35% des congrès populaires. Cependant la discrimination au niveau de l'emploi et de l'éducation liée à l'identité, à la culture et à la langue pèse sur les femmes amazighes en général et les femmes touarègues en particulier qui doivent se mettre dans la peau d'une nationaliste arabe engagée pour prétendre à l'ascension sociale[39].

---

37 La traduction est de nous-mêmes.
38 Idem.
39 Il est difficile d'avoir des statistiques sur les femmes présentes dans l'administration, mais le colonel Kadhafi en visite à Bamako en 1987 était venu avec une garde rapprochée de 400 femmes et dont le chef était aussi une femme.

V. COOPERATION REGIONALE

Depuis l'appel de 1980 du colonel Kadhafi invitant tous les Touaregs à rejoindre la Libye, leur mère-patrie, ce pays a fait de grands efforts pour encourager la coopération régionale entre les Touaregs.

Ainsi, le colonel Kadhafi a soutenu les Touaregs lors de la réunion quadripartie, tenue en 1991 à Janet en Algérie, organisée pour empêcher le soulèvement touarègue naissant au Mali et au Niger. En avril 2005, le colonel Kadhafi a invité tous les chefs des tribus touarègues maliennes et nigériennes et les a mis en contact avec les Touaregs libyens de Sebha et d'Ubari. C'est sans doute la première fois qu'un dirigeant arabe essaye de réunir l'ensemble des Touaregs. La nomination par Kadhafi d'un Touareg comme Mossa Alkouni à la tête d'une mission facilitant des projets de développement concrets dans les zones touarègues du Mali et du Niger est aussi très positif. Les projets présentés par les populations auraient obtenu le financement requis. Pendant la visite de la mission, une équipe d'experts libyens s'est rendue à Kidal au Nord du Mali pour le forage de puits pour alimenter en eau potable les populations touarègues qui en ont fort besoin.

L'intention du colonel Kadhafi semble être de s'assurer du développe-ment des Touaregs afin qu'ils préservent certaines de leurs vertus ances-trales. En effet, à toutes les délégations touarègues qu'il a eu à recevoir, le colonel Kadhafi aurait demandé de s'éloigner de la drogue, des armes, du terrorisme et de l'extrémisme religieux. Il leur aurait aussi demandé de cultiver leurs valeurs ancestrales: la vérité, la modération, la piété et la paix, entre autres. Mais bien que le colonel Kadhafi accorde une très gran-de attention aux Touaregs, d'où sa popularité parmi eux, l'état libyen tarde à réparer les injustices faites à leur histoire, leur langue et leur culture.

VI. CONCLUSION

Les peuples autochtones de Libye, les Imazeghan, jouissent en général des mêmes droits socio-économiques et au développement que les autres citoyens de ce pays. Des projets ayant pour finalité d'améliorer la situation de la population touarègue ont été mis sur pied. Bien que ces projets n'aient pas tenu compte des spécificités autochtones des Touaregs, ils ont contribué à l'amélioration de leur niveau de vie.

Tous les Touaregs que la mission a rencontrés, y compris ceux qui vivaient dans des bidonvilles misérables de « Cambo Tiouri » et de « Tilaquine », ont exprimé leur soutien aux autorités actuelles du pays, qui représentent, pour elles, tout l'espoir, surtout maintenant que l'embargo a été levé et que le pays s'ouvre aux investissements et au tourisme. Les projets de développement mis en oeuvre dans les zones à forte population autochtone ainsi que le rôle joué par le colonel Kadhafi dans la promotion de l'unité amazighe africaine y sont certainement pour quelque chose.

A l'inverse des droits socio-économiques, les droits culturels et politiques de la population autochtone sont restreints, et ce en grande partie à cause du manque de reconnaissance des peuples autochtones du pays, du manque d'association défendant leurs droits, du manque de sensibilisation au problème chez les principaux concernés et du manque de liberté d'expression en dehors des congrès populaires. La négation, par ce pays, d'une composante essentielle de son identité, de sa culture, de sa langue et de son histoire, en l'occurrence l'amazighité, demeure une violation non seulement de la Charte africaine des droits de l'homme et des peuples, mais aussi d'une grande partie des conventions internationales auxquelles la Libye est partie.

Au moins dans certains milieux de l'administration, il y a une volonté politique d'aider les Touaregs à préserver leurs structures traditionnelles, à travers des initiatives telles que l'effort de raviver la coopération régionale entre les Touaregs de l'Afrique du Nord et ceux de l'Afrique subsaharienne. Il est cependant paradoxal de constater que leur culture, leur

langue et leur mode de vie ne bénéficient pas du même intérêt. Ainsi, la nouvelle diplomatie libyenne visant à réhabiliter les chefferies touarègues à travers tout le Sahara et à encourager les relations entre elle, est une autre preuve de la confusion qui règne : d'un côté on aide les Touaregs à développer et à promouvoir leurs vertus ancestrales et leurs structures traditionnelles et de l'autre, on nie leur histoire, leur culture, leur langue et leur spécificité.

Le processus d'assimilation qui s'est opéré depuis l'indépendance de la Libye visant à faire des groupes autochtones une partie intégrante de la nation a graduellement amené les Imazighen à abandonner leur mode de vie traditionnel nomade et à s'installer dans des villages permanents. Bien que la vie sédentaire représente, pour la population autochtone, une vie plus facile, des voix de mécontentement ainsi que le souhait de recouvrer leur culture et leur identité se font entendre.

Les Imazighen de Libye, y compris les Touaregs, ont souffert de la négation de leur existence et continuent d'endurer une marginalisation sur le plan de leur culture et de leur langue. Pourtant quelques prémices semblent susciter l'espoir de leur reconnaissance dans la foulée des changements qui semblent s'opérer petit à petit en Libye. Pour les Touaregs, les premiers signes de leur reconnaissance existent dans le discours politique et les textes de lois. Un décret sur la langue qui préconise l'enseignement des langues africaines, y compris le Tamashek, dans le système scolaire en est un exemple. A quel point cette réforme est-elle mise en oeuvre dans la pratique ? Cela reste cependant une question, car les autorités libyennes ainsi que les élites touarègues prennent tout leur temps avant de mettre ces textes en application. Beaucoup de pesanteurs administratives et le manque de sensibilisation empêchent donc la communauté touarègue de profiter pleinement des ouvertures du régime, bien que celles-ci soient minimes, et de la confiance manifestée à son égard par le pouvoir libyen.

VII. RECOMMANDATIONS

À la lumière des conclusions de ce rapport, le Groupe de travail de la Commission africaine sur les populations/communautés autochtones fait les recommandations suivantes :

1. Encourage la Libye à ratifier la Convention 169 de l'OIT sur les droits des peuples autochtones ;

2. Exhorte la Libye à accorder les droits culturels et politiques à tous ses citoyens, y compris aux populations autochtones ;

3. Que l'état libyen sensibilise sa population amazighe, dont les Touaregs, à leur droit à préserver leur identité et leur culture, en leur ouvrant la voie des media de masse et en les aidant à former des associations ;

4. Encourage la Libye à montrer davantage d'intérêt pour la culture et la langue amazighes afin de leur permettre de s'épanouir. La Libye doit s'efforcer de promouvoir et de faire connaître le patrimoine culturel, la langue et l'histoire des Imazeghan en Libye ;

5. Exhorte la Libye à reconnaître l'amazigh comme une des langues nationales et officielles et à créer une institution responsable de la promotion de cette langue[40];

6. En appelle au pays à introduire des références à l'histoire et à la culture amazigh dans les manuels scolaires ;

7. Encourage la Libye à prendre des mesures qui permettent aux régions peuplées par les Imazeghan de combler leur retard économique par rapport au reste du pays.

---

40   Comme au Maroc avec l'*Institut royal de la culture Amazighe* (www.ircam.ma)

8. Une rencontre du Groupe de travail devrait être organisée dans la région des Imazeghan en Libye (Ghât ou Ifren) en vue de dissiper la peur que ces derniers ressentent, malgré des changements positifs évidents dans leur pays.

9. Que la Libye procède à une large diffusion du rapport du Groupe de travail de la Commission africaine sur les populations/communautés autochtones et de la Charte africaine des droits de l'homme et des peuples.

10. Que la Libye fasse un rapport à la prochaine session de la Commission africaine sur les décisions qu'elle aura prises pour la mise en œuvre des présentes recommandations.